空巢的勇氣

人生下半場的 35 個必修學分

李雪雯——著

目
錄

Chapter 3　自己的 **健康**　下半場人生的首要顧念

目錄

身心靈皆富足的
快樂退休人生

　　很高興推薦《空巢的勇氣：人生下半場的 35 個必修學分》這本書，本書從「財富」、「生活」與「健康」三個角度，針對正在進行退休衝刺期的女性，分享為何女性更需要注重退休規畫，以及如何做好退休理財，才能享有「身心靈富足的快樂退休人生」。

　　根據經建會的統計資料，台灣的老年人口比率已於 2018 年超過 14%，進入「高齡社會」，更在短短 7 年後，於 2025 年時，老年人口將衝破 20% 進入「超高齡社會」。台灣民眾的平均壽命每年增加 0.13 歲，台灣需要長期照護的失能人口每年增加 20%，而老人每年平均醫療費用是一般民眾的三倍。目前台灣女性的平均壽命是 83.7 歲，較男性平均壽命是 77.3 歲更長，而且因為女姓通常較早退休，因此退休後女性平均約有 23 年的餘命，相較男性僅約 14 年餘命也

有相當大的退休期間差距。此外，女性需要長期照護的機率較男性更高，時間也更常，因此女性比男性更應該注重退休財務規劃與健康維護計畫。

另外，相較於男性，台灣女性對退休財務規劃準備更加不足。台灣每 5 位未退休的民眾中，僅有兩位期待未來會有舒適的退休生活，但卻只有一位每個月會定期儲蓄至退休帳戶。根據 2018 年匯豐「未來的退休生活：實現零落差」報告，台灣工作年齡的女性有 55% 尚未開始儲蓄退休金；有 20% 不清楚需要多少退休準備金才能過舒適的退休生活。而且台灣有 29% 的上班族媽媽們曾經申請育嬰假，更有 25% 已完全轉為全職家庭主婦照顧子女，由此可見，女性在取得退休的財源上更加相對不足。尤其，在已退休的族群中，64% 女性依賴伴侶的收入與退休金，有 72% 必須倚賴子女的財務支持，更有超過 41% 女性認為，伴侶若過世將會讓家庭財務面臨困境……，以上數據都顯示出，台灣的女性迫切需要更完善的退休理財知識與教育。

本書作者李雪雯是資深的媒體主編與專欄作家，目前擔任多家財經與醫療保健雜誌之特約撰述，也是政大 EMBA 優秀校友，雪雯擁有豐富學經歷，並擁有許多專業證照，長期關注女性與退休理財議題，有女性細膩溫暖的關懷，以及財務專業的洞悉遠見。本書從掌握生活脈動出發，分享女性如何照顧好自己的生活，再從投資理財規劃的面向，介紹多元退休理財投資工具與保險保障商品，最後以如何活出健康人生下半場，說明銀髮族在醫療養生等健康資訊之需求，讓讀者可以在最短的時間內了解許多退休規畫相關之專業知

識，內容深入淺出、包羅萬象，相信讀者一定能從此書中得到，如何做好退休規劃與理財的許多寶貴新知與經驗。

　　我非常感謝雪雯能夠為女性朋友們特別撰寫這麼棒的書，也為台灣高齡社會，如何完善退休的準備教育做出最實質的貢獻，我非常推薦這本書，這絕對是一本豐富人生、樂活退休不能錯過的好書。

王儷玲

中華民國退休基金協會理事長

無憂、自在、踏實、
快樂與健康的第二人生！

　　沒錯，我就是年過五十的「五年級生」，也就是古人所謂「年過半百」的人。所以，個人對這個族群的退休規劃議題，特別能夠「感同身受」。

　　然而，在接觸過不少同一年齡層朋友及網友之後，他（她）們普遍的疑問都是：坊間教人投資理財的書很多，談論退休後的心態調整的書也不少，就是沒有一本專門針對「正處於退休衝刺期」的民眾，所寫的全方位退休規劃書籍。而這，也是個人提筆寫這本書的最初起心動念。

　　也許對許多人來說，所謂的「50歲」或「年過半百」，只是一個年齡上的時間分水嶺，會是準備在長久工作後為職涯劃下句點，亦或是代表某些家庭責任的徹底卸下。但對個人來說，「年過

五十」不但是體況開始走下坡，更應該在人生邁向另一個階段前，做好身體與心裡上的徹底調整。

　　所以在這本書中，並不是只有面臨退休衝刺期的 50 歲族群，所關心的財務規劃，還有關於健康與生活方面的提醒與建議。因為根據個人所觀察到的現實狀況是：心理不但影響身體、身體進一步影響健康，健康又會回過頭來影響退休金。所以，所謂的「全方位的退休規劃」，絕對不能只談財務而已。例如在「生活篇」中，除了提醒讀者為之後的退休階段，做好各項心理及生活上的準備外，我希望提醒讀者的一大重點是：人際關係的好壞，不僅影響日後的退休生活品質、身體的健康（特別是容易罹患失智），更有可能是影響退休金是否足夠的重要關鍵。

　　且這裡提到的人際關係，也同樣可以包括與家人或是另一伴的關係。別懷疑，如果與包括家人在內的關係處不好，就算自認退休金準備充足的人，都有可能面臨「不足」的命運，更何況是「自覺退休金不足」的人。

　　又例如在「健康篇」，當人體各器官開始走下坡之際，假設沒有提早進行眼、耳、牙齒，特別是大腦的「鍛練」，不但會進一步影響身體健康，也將會面臨隨之而來的各種「破財」。

　　更不要說根據衛福部的統計，人只要年過四十甚至五十歲，出現三高（高血壓、高血脂與高血糖）的機率就大增。而三高又是未來導致各種心血管疾病，甚至是嚴重失能，需要長期照護的主要原因。且不論是罹患重大疾病或導致失能，都將會讓已經準備不足的

退休金更加縮水。

至於「財務面」的規劃，除了提醒讀者做好退休金的外，個人也將進一步提供給覺得退休金不足者，進一步的「退休後再就業或創業」，以及專屬於退休衝刺期族群的各種務實的投資理財建議。

這本書裡的許多保健、生活與財務建議，可以說是個人長達20、30年的採訪、過去所接觸過的各種案例、參考各種相關中、外書籍後的結晶，再加上個人不斷反覆思考後的心得，相信能提供給讀者，對於未來的退休生活，能多一分準備，就能多一分快樂與順利。

最後，個人其實最想跟讀者說的是：退休生活不是比誰過得更為奢華，而是要過著100%自立自強、行動自如，且無憂、自在、踏實、快樂與健康的第二人生！

李雪雯

Chapter 1

掌握**生活**脈動
不讓青春二度留白

雖然說全世界各國都是女性壽命高於男性，但世事無絕對，且更有可能的是：原本不結婚的人，也許更有可能一輩子「一個人」過下去。這個時候，我其實非常、非常建議：過去不擅長做飯及打掃的人，也要提早開始培養相關的技能，以免讓自己落入「下流老人」的慘境吶～

與另一半打好關係，
有話好好說

　　真的，我這不是在特別恐嚇男性，不打好跟配偶間的關係，就很容易鬧離婚，而離婚後，根據許多統計及專家的說法，男性的風險有三，其一是不會燒飯、隨便亂吃的健康風險；其二是不善於過日子，花費沒有節制破產風險；第三是憂鬱、自殺的風險。

　　首先，來談「健康風險」。例如《下流老人》的作者藤田孝典就曾表示，特別是生活能力低、完全沒做家事的「先生」，常會因為不會做飯，隨便買東西亂吃，造成營養不良；因為不會打掃，生活環境很容易變得不衛生。一旦這樣的情形持續不斷，就很容易生病，醫療費用當然也會增加。

　　其次，是「錢不夠用」的風險。藤田孝典也在書中特別及：熟年離婚會導致老人「下流」，主要是因為一旦離婚，兩個人當然就

會各自屬於不同的家庭。那麼，房租、水電瓦斯等固定支出，也就必須個別支付。如此一來就會造成：收入減少了，但支出並沒有減少太多，所以，無法維持和離婚前一樣的生活品質。

然而，「丈夫」的生活能力，普遍要比妻子還低，特別是沒有在做家事的男性高齡者，在飲食及日常生活上，完全沒有節約的概念，再加上家事和烹飪等能力上也很低，連帶就會影響身體健康、造成醫療費用的支出過多，讓原本已經是捉襟見肘的退休金更加不足。

最後，則是罹患憂鬱及自殺的風險。在《超單身社會》這本書中，作者荒川和久從各種社會趨勢及現象的觀察中就曾提醒：「現代的丈夫離了婚，就會自殺」。

荒川和久以日本為例指出，自殺者中七成是男性（但他指出，全世界都一樣，不論先進國家或新興國家，或是宗教不同，都是男性自殺率高於女性）。作者引用日本的數據指出，日本男性自殺率最高的原因是「離婚」，其次是「喪偶」。這樣看來，已婚男性幾乎已經喪失了獨立生活的能力，如果太太不在了（不論身故或離婚），自己也很難獨活！

日本人類科學研究科臨床生死學、老人行為領域的教授、著有《為什麼任性（意思是「能夠自主」）的父母更長壽》，同時也是醫學博士的佐藤真一解釋，這是因為一般女性遇到壓力，多半會採取「控制情緒」的「情緒焦點因應」模式，但男性則多半會採取「先改變行為，以改變形成壓力原因」的「問題焦點因應」，但前者（情

緒焦點因應）對於壓力紓解的效果，遠比後者（問題焦點因應）要好。

正如同藤田孝典在他所寫的《下流老人》一書中的再三提醒：「由於離婚導致夫妻雙方下流化的個案不斷增加，在與他人關係逐漸疏遠的現代，我們必須再度確認『有伴侶』這件事的價值」。因此，**為了不要陷入「熟年離婚」這樣的困境，第一步要做的，就是「不離婚」**。然而，若不得已真要離婚，請一定要記得以下 2 大財務重點。

即使感情不在，荷包也一定要在

記得在安侯建業會計師事務所（KPMG）所寫的《啟動家族傳承之鑰》一書中，就曾特別提到它們遇到的爭產官司訴訟策略，多半是圍繞在「特留分」及「（夫妻）剩餘財產分配請求權」上。這也是為什麼一旦家族因婚姻關係變動，或遺產分配打官司，案件的訴訟攻防策略，也多會聚焦在剩餘財產分配請求權或特留分要求上的原因。

根據內政部的統計資料顯示，2017 年離婚對數有 54,439 對，較 2016 年增加了 589 對，等於平均每天離婚對數就有 149.15 對，顯示國內離婚的怨偶數還不少。

所以，假設夫妻不得已而離婚，也一定要記得做好以下二大財務重點。**重點一，是了解及善用「夫妻剩餘財產差額請求權」，以維護自己該有的權益**。因為根據國內《民法》的規定，現行夫妻財產制分為「法定財產制」與「約定財產制（又分為「分別」及「共同」

財產制）」兩種（詳見表1）。

表1、法定財產制與共同財產（共同財產、特有財產）制比較

比較項目	法定財產制	共同財產制	
		共同財產	特有財產
財產種類	分「婚前」與「婚後」財產	共同財產	特有財產
所有權	各自所有	公同共有	各自所有
管理權	各自管理	原則上共同管理	各自管理
管理費用負擔	各自負擔	由共同財產負擔	各自負擔
使用及收益權	各自使用、收益	共同使用、收益	各自使用、收益
處分權	各自處分其財產	應得他方的同意	各自處分其財產
債務清償責任	各自對其債務負有清償責任	夫或妻結婚前，或婚姻關係存續中所負的債務，應由共同財產，並各就其特有財產，負清償責任，但另設有補償規定。	
保全措施	夫或妻在婚姻關係存續中，所從事的「詐害他方剩餘財產分配請求權」的行為，他方得聲請法院撤銷。	無	
夫妻剩餘財產差額分配請求權	1. 法定財產制關係消滅時，夫或妻現存的婚後財產，扣除婚後債務後，應該平均分配。 2. 因繼承或其他無償取得的財產及慰撫金，不列入分配財產。 3. 法定財產制關係消滅前5年內，夫或妻不當處分其婚後財產的價額，應追加計算。 4. 夫妻應受分配的一方，得就前項情形不足額的部分，向受領的第三人請求返還。	無	
家庭生活費用負擔	除法律或契約另有約定外，由夫妻各依其經濟能力、家事勞動或其他情事分擔。		
自由處分金	夫妻除家庭生活費用外，得協議一定數額的金錢，供夫或妻自由處分。	無此規定，但夫妻雙方仍可自行協議。	

資料來源：《輕鬆寫遺囑，繼承無煩惱》第185-186頁

且根據《民法》1030-1 條的相關規定，採取「法定財產制」的夫妻，在關係消滅（夫妻一方死亡、離婚或由「法定財產制」改為「約定財產制」）之後，可以享有「夫妻剩餘財產差額分配請求權」。

其計算公式為：夫或妻現存的婚後財產，扣除婚姻關係存續中的負債後，如果還有剩餘，應將雙方剩餘財產的差額平均分配。當然，既然是「夫妻剩餘財產差額」的分配，夫或妻的一方中，到底誰能夠「得利」最多，也還在未定之天（詳見表 2）。

表 2、「夫妻剩餘財產差額分配請求權」的重點

財產種類	《民法》第 1030 條之一第一項
定義	法定財產制關係消滅時，夫或妻現存之婚後財產，扣除婚姻關係存續中所負債務後，如有剩餘，其雙方剩餘財產之差額，應平均分配。但下列財產不在此限： 1. 因繼承或其他無償取得之財產 2. 慰撫金
請求時點	「法定財產制」關係消滅後，因此，只要離婚、一方死亡，或由「法定」財產制改為「約定」財產制時，就能行使此一請求權。
計算標的	只有「婚後」且「有償取得」的財產才算；夫妻「婚前」及「婚後無償取得（例如繼承或贈與）」都不算。
須扣除負債	婚姻關係存續中的「負債」
差額計算公式	〔夫－妻（或妻－夫）的差額〕／2

資料來源：興中地政士事務所負責人陳坤涵

因為一來，以上計算的財產，不計入「因繼承或其他無償取得之財產」或「慰撫金」；其次，以上任何一方的資產，還要先減除負債才行；再者，如果兩人的財產淨值旗鼓相當，老實說，也不會有「一方特別得利」的情形發生。

至於**重點二，則是注意保險受益人的設定，以及被保險人的更改**。事實上，在婚姻關係消失之後，除了財產的分配之外，兩人之前所買的保單，到底該用什麼「形式」繼續下去，也關係到分開之後的夫妻權益，特別是以下三項，值得身為保戶的大齡熟女們特別注意：

一、更改「要保人」及「受益人」

　　因為依照《保險法》第 5 條的規定，受益人是被保險人或要保人約定，享有賠償請求權的人。因此，如果自己是實際繳交保費的人，為了享有保險的賠償請求權，且不用擔心自己的受益人資格會被變更，就一定要先將自己改為「要保人」，並且將「受益人」變更為自己的名字。

　　當然，由於保單價值準備金是屬於「要保人」的資產，且因為夫妻互相贈與，並不用課徵贈與稅。所以，如果夫妻在婚姻關係存續期間，進行要保人的變更，不論保價金的金額有多少，都沒有稅負方面的問題。

　　但如果在離婚後才變更要保人，就必須將贈與保價金金額，控制在免稅金額（220 萬元）以下，或是在離婚協議書中，將保單變更要保人，並記載在離婚協議書中為「應給付他方的財產」。如此一來，既不用課贈與稅，也不用計入個人綜所稅所得中課稅。

　　當然，如果夫或妻的一方，不想讓自己為「保險受益人」的權

利喪失，也可以請要保人，在保單批註中特別寫明「要保人〇〇〇依保險法 111 條，放棄指定受益人之權利，特此聲明」。

二、更改「被保險人」

因為根據《保險法》第 105 條第一項的規定：「由第三人訂立之死亡保險契約，未經被保險人書面同意，並約定保險金額，其契約無效」。

值得注意的是，以上規範主要是指「要保人 ≠ 被保險人」的保單。當然，原本夫妻關係好時，「要保人 ≠ 被保險人」並不會成為什麼大問題。不過一旦離婚後，身為前夫或前妻的「被保險人」，總是會覺得「心裡怪怪的」，且會擔心有「道德風險」。

這個時後，夫或妻如果不想再當被保險人，則可以根據《保險法》第 105 條第二項所賦予的權利。但必須以「書面（最具法率效果的則是「寄存證信函」）」通知「要保人」及「保險公司」，才能算是完成相關的法律程序。

三、變更「居住地址」

由於要保人具有繳交保費的義務，且保險公司的保費催繳信函，都是寄到居住地址。因此，為了確保保單不會因為保戶未繳交保費而停效，最好在進行以上保單變更時，一併更改正確的離婚後居住

地址。

　最後值得一提的是：**由於每個人最終，都會成為「一個人」，所以，一定要及早「自立自強」**。當然，就算努力與另一伴培養良好的感情，但也不能保證夫妻就一定能「白頭到老」。雖然說全世界各國都是女性壽命高於男性，但世事無絕對，且更有可能的是：原本不結婚的人，也許更有可能一輩子「一個人」過下去。這個時候，我其實非常、非常建議：**過去不擅長做飯及打掃的大齡熟女，都要提早開始培養相關的技能，以免讓自己落入藤田孝典所說的「下流老人」的慘境吶～**

女兒≠看護首選，
如何分配權利義務？

記得《人到中年，更是理直氣壯》的作者酒井順子就曾形容：所謂中年，就是父母的問題會接踵而來的年紀。而著有《50歲開始優雅過好日子》、《上流老人：不為金錢所困的75個老後生活提案》及《50歲後，也可以過幸福日子》等書的日本精神科醫師保坂隆就曾提醒：50、60歲的人，父母差不多就是70～90歲。

而這時候，他們可能會有兩種情形。一種是「身體還算健康，但手腳及日常生活上的自我照顧能力，已經漸漸變弱」；另一種則可能是已經「失能或失智」。在面對以上兩種情形時，50歲讀者所應採取的對策就會不同。

首先，**當父母的健康問題開始亮紅燈時，他們「住」的問題就不能再拖了。**日本的內科、顧內及心血管專科醫師石藏文信在他所

寫的《好想殺死父母》一書中，並不贊成子女只是因為「年紀大了，我很擔心」，就要父母搬過來同住。

他表示對父母來說，離開長年住慣的老家，會形成很大的壓力，反而會成為製造麻煩的根源。這是因為，他們在新家的周圍沒有認識的人，能依賴的就只剩下子女。所以，他提供的建議是分以下三個層次：

首先，在父母還能自力生活的時候，就讓父母自己生活。

其次，假設父母的腿腳已經不好，日常生活需要照護，就要接受外力支持，利用「照護保險（類似台灣的長照 2.0）」裡的居家照護服務。

最後，如果父母已經達到重度依賴照護的程度，很難在自家生活，就在自己能力所及的範圍內「照護 3 個月左右」，之後就交給專業的機構。

然而，著有《行前整理》一書，同時擁有內科、精神科、安寧養護經驗，也曾親自照料失能父母的日籍護理師宮子梓就不忘表示，衰老和疾病的變化，總是又急又快，而非緩慢的進行，且都是在某些意外發生後，才迅速惡化的。所以，她認為這時候的父母住的問題，真的不能再拖了。

預做安排與工作分配，以免自顧不暇

為了避免父母突然發生需要長期照顧的問題，讓自己措手不及，

有必要提早與所有兄弟姐妹們，共同討論如何預先安排父母未來的長照問題，包括：由誰照顧？要不要送去專門的養護中心？費用如何分攤？如果父母中只有一人健在，又該如何安排？特別是當父母其中一人健在，而且身體還算健康時，總不能把他（她）一個人丟著不管。

《如何照顧失去老伴的爸媽》一書的作者，身為東京都健康長壽醫療中心研究所研究員的河合千惠子也指出，高齡者健康狀況的分歧點，大概是在過了 75 歲之後。超過 75 歲，生理功能降低，與各種疾病的發生有著密切關係。

像是女性，骨質密度下降可能會引起骨質疏鬆症；而腎臟功能降低，則會造成頻尿；另外，沒有食慾導致營養不良，使得免疫力降低，就容易讓肺炎或流行性感冒等疾病惡化。

其次該書認為，正由於高齡者感到的三大不安分別是「金錢」、「健康」與「孤獨」，尤其是剛失去伴侶的父母。詐騙集團會以花言巧語，去煽動這些不安，再以親切的態度取得信任，從騙取年金、存款或財產。再加上高齡者大部分的時間都待在家裡，所以經常會遇到推銷員上門推銷，或者是電話推銷等。

又像是，當體力衰退，就會懶得去打掃收拾家裡，或是經常跌倒而造成骨折，也可能因為注意力不集中，而忘記關掉爐火等引起火災。因此，高齡者在日常生活中，也有一些潛藏的危機。

從拿不到放在高處的東西、沒辦法提重物，或是因為超市太遠，而覺得購物不太方便等身體方面的問題，到金錢、疾病、健忘、對

獨自生活感到茫然、不安等日常瑣事，這些都關係到受傷、體力下降，以及無法及早發現失智症等問題。

然而以上的問題，凡是沒有跟落單父母同住的子女，就很難了解父母的生活，到底有多麼危險？儘管根據《一個人的老後》作者－上野千鶴子的觀察，子女會邀父母同住，有可能是貪圖自己的方便，心想「與其住得遠，還得多操心，不如住在一起方便照顧」；甚至有人是因為「丟下他一個人不管，我是不是太不孝了」，由於心生罪惡才邀父母同住。但是，此一問題的確是不容迴避的。而且她認為，比起事後後悔，事前預防更加重要。

其次，**父母也可能是「突然倒下」，這個時候，一定要記得「照顧」也要「量力而為」。先以「不辭職」為優先，並且儘量尋求各種外界資源**。日本的內科、顱內及心血管專科醫師石藏文信在他所寫的《好想殺死父母》一書中，就提醒一般人最好抱有以下的心理準備：父母如果年過 75 歲，在日常生活中需要照護的狀況就會增加。而直接導致需要照護的原因，第一名是「腦血管疾病（腦中風）」；第二名是「失智」；第三名是「高齡導致的衰弱」；第四名是「骨折、跌倒」；第五名是「關節疾病」。其中，失智與高齡導致的衰弱，是個長時間的過程，對照護者來說，可以事先做好心理準備；但腦中風等突發狀況，就難以事先預料。

就像《兩個人的老後》一書作者平安壽子在書中所提到的：「當親人病倒，烏雲立刻會立刻籠罩到自己頭上，而且會像瘟疫一樣，腐蝕身旁所有人的健康」。

所以，為了避免事到臨頭而荒了手腳，我想在此彙整之前所採訪的專家、學者、照顧者，以及相關書籍與資料，提供以下幾點「提早預備的心理建設與種點原則」。

原則一、不要為了照顧而辭去工作

根據衛福部「106年老人狀況調查—主要家庭照顧者調查報告」，有35.23％的照顧者，是因為照顧而辭去工作，且女性因照顧而辭職的比率為43.93％，比男性24.42％要高。

而在被問到「對於目前整體生活的滿意情況」時，雖然不論有沒有工作，回答「滿意」的比率，仍高於回答「不滿意」的高。但是，「沒有工作者回答滿意」的比率，比「有工作者回答滿意」的比率低，而「有工作者回答不滿意」的比率，也比「沒工作者回答不滿意」的比率低。

所以，假設為人子女在未來的某一天，不幸遇上父母突然失能而需要照護時，想要避免手忙腳亂、不知所措，或甚至是無奈走上離職照護一路，我建議最好先將《照顧，不必一個人硬撐》這本書作者，身兼日本照護者 Mental Care 協會會長、21 年來獨自照護罹患失智症祖母、重度身障母親，以及智能障礙弟弟的橋中今日子以下親身經驗與對策「謹記在心」！

她認為有關「照護失能父母」的最大重要原則在於：千萬不要因為照護而離職。因為，**一旦離職後，就少了收入來源**。但除了照

護失能父母的醫療費用之外，自己與失能父母也還需要吃喝及生活，在在都需要錢。如果離職，就算之前有存下一筆金山銀山，時間一久，也會坐吃山空。且當繼續回到職場時，因為年齡已大，也會面臨「很難就業」的窘境。

（1）**離職照護後，照護將佔據整個生活，讓自己完全沒有任何「人際活動」可言**。長此以往，憂鬱症等問題將會上身！

（2）**日後一旦結束照護生活，想要重新就業，身為中高年齡一族，就很難再就業了**。所以，《照顧，不必一個人硬撐》這本書作者橋中今日子建議，與其日後後悔，不如待在目前工作穩定的職場，以累積一定年資與年金。

（3）**最後也是最重要的是：以自己的人生為優先**。《照顧，不必一個人硬撐》這本書作者橋中今日子建議，不論是有工作或在談戀愛、有婚姻，都絕對不要因為照護而放棄。她認為，受照護的父母，也希望孩子能幸福。所以，做子女的應該多利用外界的資源、放膽尋求外界的幫忙，而不要自己一肩擔起照護的重擔、犧牲自己的幸福、學業或工作。特別是如果自己家裡有人要照顧（例如小嬰兒）時，應該以自己的家為優先。橋中今日子再三強調：「每個人都有權利過自己的人生」，而照護絕對不是個人的問題，而是家中每一個人與整個社會的問題。

原則二、切勿獨自承擔照護工作

儘管有人認為，「孝順不可外包」是台灣社會的普世價值，但石藏文信便再三提醒「遠離《家人這種病》」的七大守則之一就是：不要為了家人犧牲自己，不行的事情就明確主張「不行」！

石藏文信特別強調，如果要預防照顧者憂鬱症，或防止親子關係因照護而惡化，最佳對策就是「不要一個人獨自擔負照護工作」。簡單來說就是：在自己能力所及的範圍內提供照顧，剩下的就交給專業看護或養護機構。

他特別強調，由家人負責照護，並不一定是最佳選擇。尤其是失智症，有很多案例顯示，交給專業看護或機構是最好的。根據石藏文信的說法，一般比起在家照護，老人家住在機構裡受照護比較健康，也比較長壽。他表示這並非拋棄父母的藉口，因為「把照護交給專業人員，為了不犧牲子女的人生，也為了讓父母能安心度過老年生活，這才是最聰明的選擇。

特別是有些事情只有家人才能做到，例如陪父母說說話、照顧父母的情緒、親子在一起相處等。而保照護交給專業人員，以子女才能做到的形式關懷父母，才是最好的」。

石藏文信再三建議子女們：千萬別被親戚「把父母送到機構去是『冷血無情』」的指責給迷惑了。他特別強調：出一張嘴的親戚，不可能代替妳照護父母，所以，子女們千萬別被那些不相干的人、不負責任的意見給迷惑。

日本老年行為科學博士，也是《老後生活心事典》的作者佐藤真一認為，當藉由照護保險等各種方法，以及孩子往返父母家中照顧，都還是無法處理時，就必須考慮是否要將父母送至安養中心居住，或是接到自己家中居住？

　　他同時指出：家人照護裡，存在著「照顧轉變成控制」的陷阱，從體貼對方開始後，卻漸漸陷入痛苦的矛盾狀態中，然後在心中不斷糾結煩惱；而被照顧的人，也無法說出「討厭」、「辛苦」等話語，只能持續壓抑忍耐下去，最終的結果，就是一場悲劇。他認為，想要親自照顧自己雙親的想法，是很自然的，當然也不會要加以否定。只是，千萬不要受制於所謂的「家人神話」，而不斷地勉強自己。

　　事實上，之前採訪過不少長照專家，他們都異口同聲地告訴我：如果不懂得正確的照顧技巧，不管是被照顧者或照顧者，都很容易受傷。而在看過許多相關案例之後，個人很想表達的是：現在已經不是談什麼愛心或孝心的問題，而是很現實的照顧問題。子女或配偶、家人徒有滿滿的愛心，卻不見得是對當事人最好的事。

如何兼顧工作，妥善照顧父母？

　　許多人認為將失能與失智長輩，放在最熟悉的家裡，然後請外籍看護工來照顧，可以讓長者放心。只不過，撇開許多專業醫師及照顧專家所說：沒有經過多少專業訓練的外勞，根本無益於失能或失智者的復健，許多這樣做的子女，有多少是真心在家陪伴長者，

並且與他們說話？

如果身為子女的並不想辭職，那麼，有什麼好方法可以把「照顧好父母」這件事做好呢？以下彙整各個專家的看法，提供給萬一有需要，或是目前正在煩惱中的妳參考：

（1）一定要尋求外界任何幫助，千萬別一個人硬撐。為了避免自己離職，而投入照護的工作，並且減少相關的費用負擔，一定要努力尋求政府提供的各項補助及服務，千萬不要認為父母靠自己一個人「就應付得來」。

例如《照顧，不必一個人硬撐》這本書作者橋中今日子，就不忘提醒失能父母的子女「千萬別硬裝理性」，而應該以「感性」方式向外界發出求救。她表示，唯有發出求救訊號，外人才知道妳需要幫助。

另外，儘管台灣不像日本有「照護留職假（每照護一位家人，最多可一次請假 93 天）」，以及在 2017 年 1 月，開始實施「照護對象為家族者縮短規定勞動時間等措施」新制度（指家人的情況達到需照護狀態時，3 年內可選擇短時間出勤或彈性工時），只有「家庭照顧假（請假日併日事假計算，每年以 7 天為限）」，但《照顧，不必一個人硬撐》這本書作者橋中今日子也建議照顧父母的子女，一定要與工作職場的上司商量。

她認為「坦承處境並與職場商量」不論對上班族或公司來說，都是一種避免最糟狀況發生的「風險管理」，既能讓自己安心，也避免公司容易因應上班族隨時請假的突發狀況。理由在於「與其突

然請假，不如事先讓對方了解情況」，且當公司了解情況後，也較容易提供員工協助。

（2）**不要因為自己沒時間照顧失能父母而「深感愧咎」**。不管是在台灣或日本，多數子女還是有所謂的「送父母到照護機構就是不孝」的想法。但撇開「孝不孝順」的問題，個人比較想要強調的是：照護是一門專業，不是單靠「心存孝道」，就一定能把失能父母照顧得最好。

之前看過一位歷經爸爸生病、哥哥過世、官司一大堆的大學講師就表示，「有人說把長輩送到安養機構是不孝，我根本不理會這些人。政府長照資源沒一個適合老爸，我們也希望他在家安老，但家中的設備無法滿足父親的需要。所以，住進機構讓專業的來照顧，是我們認為最好的安排」。而她最想給照顧者的一句話就是：「好好活著才能照顧老人」！

假設「需要被照顧的家人」，完全無法接受被送到照護機構，具有十足照護經驗的橋中今日子則建議，可以試試「至少使用日間照顧服務」這一條路。

（3）**與人交流才能拯救自己**。照護工作是一個長期又勞心、勞力的工作，如果沒有個能讓自己紓發心情的對象，也很難長久走得下去。

就如同《照顧，不必一個人硬撐》這本書作者橋中今日子的看法：「與人交流可以拯救自己」！至於交流的管道，可以是加入照顧者團體，或是上網參加相關社團，讓自己不時「取暖」、「充電」與「打氣」。

（4）**照護費用盡量由親人的年金與存款支應，不要動用自己的錢**。其理由有三，理由一是：自己未來也可能有養老的需求，既能為自己留一點退休的養老本，也能避免與受照護者「一同倒下」。理由之二是：知道父母有多少錢，才能決定採取什麼照護管道，或是是否要申請生活補助？

（5）**面對關係不佳的親人，不必勉強用愛照顧**。《照顧，不必一個人硬撐》這本書作者橋中今日子認為，在照顧家人時，千萬不要刻意壓抑負面情緒，應該要適時發洩出來，想哭就哭、想大喊就大喊，千萬別忍氣吞聲才好。

如果因為照護而產生怒氣，作者建議千萬不要壓抑，而最好是「出門走走透透氣」，平日也要養成習慣，以「呼吸法」來抒發壓力。或是將自己的痛苦與怒火，宣洩在筆記本，或是部落格裡，也是不錯的方式。或是利用短期居留照護，讓疲憊的自己，遠離照護現場。

（6）**如果有手足，應該與大家共同討論並各自負責擅長的部分，面對親戚的閒言閒語，更要懂得「一笑置之」**。如果手足不能接手照顧，《照顧，不必一個人硬撐》這本書作者橋中今日子建議：不要期待他們能分攤照護責任，而是換個想法，請他們做些可以減輕自己負擔的事，例如購置需要物品，或是請他們負責網購宅配的費用。重點是：一定要讓對方以實際行動幫忙。

但如果手足願意分攤每月或每週的一定照護時間，多少也能減輕自己的照顧壓力。甚至，還有可能因此了解實際照護失能或失智父母的辛苦，而主動增加幫忙照護的時間。

最後值得一提的是，根據之前採訪過許多精神專科醫師與照護專家的說法，在照顧失能或失智父母時，**首先「別做」的事，就是把照護工作全丟給外勞**。因為，多數外籍看護工並不具備真正的照護專業。

至於第二的「別做」的事是：**將需要照護的失智父母，按順序依時留在不同手足間進行照顧**。因為失智的人對於不熟悉的環境特別敏感與排斥，再加上每次在一個手足家中所待時間很短，在還未完全適應之前，又已移轉到下一個約定照護的手足家中，這樣不僅不利失智父母的情況緩解，反而可能讓失智問題更為加重。

───── 幸福調味料 ─────

適合失能父母的優質機構，怎麼找？

許多人選擇在家照顧，不見得是因為「怕人說自己不孝」，而是因為長照機構的品質良莠不齊。對此，個人綜合之前的採訪，以及所聽到的各個有照護經驗家人後所得的經驗如下：

（1）依照政府評鑑指南進行挑選，當然，在正式決定前，一定要多次（最好是不同時間）親自前往參觀。

（2）在家附近挑選機構。這樣的好處是：自己可以常常在不同時間造訪長照機構，而長照機構的照顧者也知道妳住在附近、常會突襲檢查，所以，就不敢做出「對被照護者不利」的舉動。

配偶不見得陪妳終老，尋覓「同居共老」室友

比起住在自己家裡，或是專門的老人公寓，我個人最偏好的是「揪集幾位好朋友，再一起『同居共老』」。我曾在個人所寫的第十四本書《錢難賺，退休金別亂擺》中提到，最中意的，就是這種「同居共老」的退休模式。因為，它至少具有「價格比老人公寓便宜」、「共住可以讓彼此在生活上更有所照料」，以及「興趣相投，生活更加有趣」等優點。

記得《下流老人》一書的作者藤田孝典，就曾建議現代人要有「儲蓄」觀念，不只儲蓄金錢，更要儲蓄人際關係。而人際關係的「貧窮」，往往比物質的貧窮更容易讓人淪為「下流老人」。

他認為老後生活富足，千萬不能只靠金錢或物質。頻繁與親友連繫、積極參與社區活動、與朋友相互扶持等，都是可以避免跌入

「下流老人」深淵的重要關鍵。藤田特別強調人們在高齡期，如果可在陷入孤立前和更多人建立相互支援的關係，就算生活陷入窮困，也不會那麼痛苦。因為他發現，同樣為貧窮所苦，有人過得很幸福，也有人過得悲慘。

藤田解釋，兩者的最大差異就在於「人際關係的貧富差距」，而人際關係，則決定了幸福的程度。所以他建議，55 歲前的人，生活上可以工作為中心。但從 55 歲開始，就必須重視配偶、子女、家人和朋友等人際關係。

所以，如果讀者問我：面對老年化社會來臨，一般大眾最最該準備的是什麼？我的答案將不會只有高額的退休金、退休後能夠棲身的房子，或是一張張的各式保單，而應該是**「提早預存質佳的人脈」**，特別是**「可以共同生活及相互扶持及照顧」的「伴」**才是。

積極擴充人脈，人老心不老

首先，**人脈可以讓在退休之後不至於「自閉」，更不容易失智。**例如《陪他走更遠》一書的作者，也是日本失智症權威的今井幸充就再三強調，積極與人來往是預防失智症最好的方法之一，因為與人溝通的時候，會對大腦帶來各種刺激。

他認為，即使只是短暫與人聊天，過程中大腦也需要解讀對方的語言，從對方的表情判斷其情緒，理解對方所說的話，思考如何做出適當的反應，可以說是一刻不得閒。

今井幸充引用「相較於整天關在家裡孤單過日子的人，和外人維持密切往來的人，罹患阿茲海默型失智症的風險，只有八分之一」的研究指出，在與人交談的過程中，會接觸到各種不同於以往的價值觀和知識，學習新事物更能為大腦帶來很好的刺激。同時還能增加外出的機會和快樂的時光，為平淡的生活帶來更多樂趣。

其次，**靠著人多以分擔固定成本，也才能夠讓自己覺得不太夠的退休金能夠「夠用」。讀者永遠要記得：當越多的人一起 share 固定開銷時，才越能發揮「省錢」及「延長退休金使用年限」的效果。**

再者，**當妳不幸失智或失能到一定程度之後，人脈可以讓妳所準備的退休金與保單，在「重要人脈」的監督與管理之下，分毫都會真正運用在妳的身上，而不是進了不肖的子女、親戚，或是無良養護機構的私人口袋裡！**

當然，我想要強調的是：千萬別把這個「伴」想像得太狹隘，這裡的「伴」不是一定要找個「一對一且專一的異性伴侶」，而是「比朋友更親近」，關係類似「家人」的「伴」，特別是退休後的女性。例如《超單身社會》一書的作者荒川和久就表示，即使能夠白頭偕老，也會因為某一方先離開人世，讓目前這樣的夫妻生活，無法永遠持續下去。

擔任「日本失智症關懷學會」副理事長的荒川和久更進一步指出，如果夫妻感情好固然是件好事，但如果只有配偶是心靈支柱，或是覺得只有和配偶在一起時才幸福，「恐怕就有點危險，因為**未來也可能會發生熟年離婚的情況**」，他說。

特別是在結婚時，大部分夫妻都是丈夫較年長，再加上女性的平均壽命長，所以留下高齡女性單身者，也是理所當然的結果。對女性來說，即使結了婚，到了人生的最後階段，必定會有再度恢復單身的時期」。

　　而從（圖2）就可以看出，隨著時間的演變，婦女成為單身的情形逐年降低。也許目前看來，超過50歲婦女有偶率還有六成左右，但隨著年輕時的離婚率越來越高，以及女性比男性壽命要長，以上「有偶率」數字還會持續大幅降低。

　　所以，如果每個人到人生的最後，都會像上野千鶴子在《一個人的老後》書中所提到的「對大多數的女性來說，人生到頭來，終究還是一個人」，那麼，老友（或時下所稱之「閨蜜」）絕對是退休生活中，相當重要的一號人物。因為，閨蜜可能跟老伴一樣，是唯一當妳在老、病之後，還能忠實守候在妳身邊，或是至少可以做到「忠實監護人」的人。

　　也因此，上野千鶴子才會心有所感地表示，家人總有離去的一天，工作和同事也不可能常在身邊，而陪伴自己走完人生旅程的，多半是朋友。特別是沒有家人的單身者，可以將自己的時間與精力，用來結交朋友、經營人際關係。

　　荒川和久醫師就在《超單身社會》一書中強調，朋友在離婚或分居後獨自居住的女性生命中，扮演著特別的角色。在他們的訪談中，離婚女性常表示「她們的朋友不僅是同伴，更是『選擇的家人』，她們最可靠的社交和情感支持的來源」。

圖 2、歷年各年齡層婦女年底有偶率

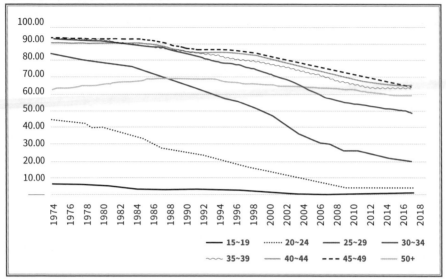

資料來源：內政部戶政司全球資訊網（https://www.ris.gov.tw/app/portal/346）

徹底覺悟，親人不見得能陪妳終老

　　事實上，對於多數薪資不高的大齡熟女來說，在市場利率持續維持低檔，且未來長期薪資成長停滯不前的趨勢下，除了盡可能儲存足夠的退休金之外，個人認為退休規劃，最應該要包括「找到可以一起共生、同居共老」的「伴」。甚至可以這麼說，如果沒有把「共同生活的伴侶」找到，就算累積出可觀的金山、銀山，恐怕也不能保證退休後的生活。

　　且就算是已存足了退休金，日後生活無虞的上班族，只要沒有

子女，或是不想成為子女負擔的人，以上的準備也完全適用。因為當妳躺在床上完全不能動時，就算有滿屋子的財產及保單，沒有一位能夠「信得過」的人幫忙「照看」，那所有的準備都將是「白搭」而無用的。

所以，如果「與他人一起共生」是所有面對老年化生活的重要生存關鍵重點，那麼，為了能夠在退休之後與信得過的人「一起共同生活」，包括自己的個性、生活習慣、居住地點與就醫方便性等因素，都必須一併做通盤的考量。

假設現階段還找不到這樣的「伴」，也可以從現在開始尋找、修正自己的個性與生活習慣，並且積極與合適對象「建立關係」。如此一來，才能算是最週延的退休規劃。

首先，**這裡所說的「伴」，就不一定是有婚姻關係的夫妻**。例如《創齡》一書就引述美國的調查發現，銀髮族同居者，有71%曾經離過婚，有21%是喪偶。且根據專家的分析，這些激增的銀髮同居者，並不全然是為了經濟因素，而是為了「找個伴」，卻不想要婚姻帶來的枷鎖。

其次，**這個「老伴」也不一定是有血緣關係的兄弟姐妹與親戚，同樣可以是異性或同性朋友，甚至，連關係良好的左鄰右舍、室友等都可算在內**。只要理念相近、價值觀相仿又值得信賴，就是可以納入考慮「共生」的對象。

守望相助，互蒙其利也不錯

事實上，個人也認為在以上各種「伴」中，鄰居與閨蜜可能更顯重要。因為除了親戚可能住得太遠之外，老伴終有一天也許會離開妳，而寵物就算再怎麼窩心，也不可能在妳需要說話或就醫時，幫妳處理許多事情。

甚至，**以上所提到的「同居共老的伴」卻不一定要「年紀老」才算**。例如失智症權威醫師劉秀枝更大力推薦銀髮族，尤其要結交比自己年輕一點的朋友。如此一來，不僅可以替自己帶來新的觀念，在必要時，他們還有較好的體力、能力來幫忙。

上野千鶴子也曾在《一個人的老後》書中表示，就算身邊有不少朋友，但面對身邊朋友的相繼離世，也會有一種難以承受的失落感。為了減輕這種痛苦，結交比自己年輕的朋友，也是個好辦法。雖然年輕的朋友，不見得一定比自己晚走一步，但至少可以分散一點這方面的風險。

且更重要的是：年輕朋友可為自己帶來更多好處：例如如果遇到年紀大，房東不願租妳房子，透過年輕人去租，租到的機率就高很多；如果家裡有燈泡壞了等問題，偶爾也可以請年輕一點的朋友幫忙；若有購物等需求，也可以請求年輕朋友幫忙……。

雖然這話聽在年輕朋友的耳裡，會覺得自己只是個「被利用者」。但事實上，人與人之間的交往，如果只靠單方面的需求（希望被給予），這種關係是不可能長久的。更何況，熟齡族群與年輕

人互為朋友，對雙方都是「互利」的。因為大齡熟女，絕對可以提供他們的一部分人生智慧，讓雙方「互蒙其利」。

室雅何須大，
退休後的「身」、「心」
都要斷捨離

　　之所以把房子換小，除了「只要透過『換屋』的方式，手中就可以多出一筆退休金」的好處外，主要的原因就是：當自己年紀越來越大時，就越沒有能力打掃。而當房子不大時，才有能力常常進行打掃。且打掃對退休人士最大的功用，不僅僅是「要活就要動」的一例，將家裡打掃乾淨，也是對身體健康的一大保障。

　　當然，如果房子變小了，勢必要對原本所有的家當，進行一次徹底的「斷捨離」。假設不將舊的、不再使用的東西清空，隨著年紀越來越大，就更有理由及沒有體力可以整理。且就算已打定主意，選擇住在原來生活機能與就醫環境等都不錯的地區，且自住的房子

坪數也不大，但是，一定要記得在真正退休前，就馬上進行大掃除、整理，甚至是重新裝潢。

原因之一，當然是**越早整理，才不會一拖再拖，整理終究會變成一個「永遠達不到的目標」。其次，把家裡整理清爽了，不但自己看了好心情、身體健康，更不會因為家中堆積物品，而讓自己跌倒受傷。**

特別是長久以往讓不用物品塞滿整個房間，非且會影響居家行動動線、容易跌倒（根據調查顯示，銀髮族最容易因為內在的身體功能退化所造成的腦部功能，視力，平衡感，肌力變差，以及外在的環境因素，像是地不平、太滑，光線太暗等，發生有可能致命或長期臥床的意外－跌倒）；另外，長期累積的灰塵、細菌、黴菌與塵土，對健康也是一大殺手。

更重要的是：如果是該做的裝潢改善工程，因為有可能要敲牆打洞的，如果家中堆滿物品，不僅不利工程進行，未來因為在工程進行中，會沾惹到更多的塵土，清潔起來將更為費時及費力。

還有，把家裡多餘且不要的物品丟掉，減少家中物品的存量。未來不管是決定繼續住下去，或是換房子、搬到老人公寓去住，也可以在最短的時間內「完成」，等於是讓自己有更多「進可攻、退可守」的選擇。

趁早斷捨離，避免留來留去留成仇

事實上，及早開始進行，還有一個好處是：很多人一閒下來，就很懶得動了。因為，「反正退休之後時間多的是，晚一天整理又何妨呢」？結果，就一天拖過一天，不僅該整理的工作沒做，反而是因為體力不如前，四處堆積的物品越來越多。且當家裡東西滿坑滿谷之際，當事人就更提不起勁來整理，惡性循環之下，就是直到自己完全不能動為止，家還是完全沒有整理乾淨。

正因為「把家裡整理妥當，可以讓自己未來各種計畫得以快速完成」，具有最能「進可攻、退可守」的優點，也才是我一再鼓吹，最好在真正退休前及早完成的一項工作。

但是，說到將家中不用物品進行「斷捨離」，對許多人來說，恐怕都是一件大工程與傷腦筋、花體力的事。特別是如果房子是自己的，再加上從來沒有搬過家，可以想見積存在家裡、可能從來未用或僅使用過一、兩次的無用物品非常多。而就算積存物品不多，整理物品也並不是一件輕鬆容易的事。所以，能夠及早開始整理，過程也將越為輕鬆、容易。

記得之前去採訪長庚大學人文及社會醫學科副教授兼科主任的張淑卿時，她就特別提醒：為了避免家裡的東西越堆越多，影響到行動上的安全，每年大掃除是很重要的活動。這部分千萬不要找人來打掃，因為家政婦只能幫忙打掃表面的清潔，卻不能幫忙決定哪些東西該留或該丟？

而根據個人的「年終大掃除」經驗，一次以一個區域或房間進行整理，收拾完之後就立刻進行清潔工作，會比較經濟省力。且區域可大可小，沒太多時間一次整理完整個房間，就選擇一個小區域進行，這樣一來，至少每天都有一定的進度。

自己打掃的四大好處

　　儘管現代人工作忙碌，總是會將家中打掃的工作，「外包」給專門的居家清潔服務公司的家政婦處理。但根據專家的說法，自己進行家中的打掃，具有以下 4 大好處：

　　（1）**可以動腦及動指頭**。例如《陪他走更遠》一書的作者伊佳奇就指出，想要收拾好四處散落的物品，或是有效率地進行收納，就必須思考很多事情。例如，什麼東西要放在哪裡？需要多少空間？要怎麼收才比較好拿、好用？而當我們搬動、移動物品的時候，也必須活動身體和手指。同時用到大腦和身體，對大腦來說，能夠達到很好的活化效果。

　　（2）**隨時順手清理掉不用的東西，不會讓東西堆太多，日後難以清理**。像是著有《禪の廚房：減省過生活》一書的日本收納整理顧問小川奈奈就表示，事先決定好掃除場所，並連打掃時間，例如每次 30 分鐘，也先決定好。再搭配每天早上的 5 分鐘掃除，髒污就不會堆積了。

　　（3）**能夠「運動」兼「瘦身」**。《減糖飲食是手段，不是目標》

一書作者廖俊凱醫師就引用研究表示：姿勢與熱量消耗的關聯，躺著跟靜靜坐著約有 10% 的差異；而靜止不動的坐姿與站姿之間也有 10% 的差異。且相較於久坐，時坐時站的方式有助於燃燒脂肪。

他認為儘管需要持續做 30 分鐘、1 小時的家事並不多，但是，花 10 分鐘曬衣服、15 分鐘掃地，略為休息後又開始準備午餐、晚餐等，以站姿斷斷續續地從事這些看似活動強度不高的家務工作，其實所消耗的熱量相當多。

（4）**紓壓與轉換心情**。日本收納整理顧問小川奈奈就表示，藉由打掃，屋子變得乾淨， 心情也會變得清爽起來， 而這正是因為心中的灰塵、污垢被拂去、心境也被拋光打亮的緣故。

記得日本的「整理達人」近藤麻理惠就曾再三強調，「房間的混亂，就是心情的混亂，而整理告訴我們，重要的不是過去的回憶，而是經歷了過往，而存在於當下的自己。而整理魔法的效果之一，就是開始對自己的判斷有信心。」

她認為，對於自己的判斷沒有自信的人，對自己也沒有自信。且如果深入研究就會發現：無法丟東西的原因其實只有兩個，那就是：對過去的執著與對未來的不安。而丟掉雜物，就能找回人生決斷力。所以，她強調「整理」的好處有以下三點：

（1）**整理之後的房間空氣，自然會變得乾淨，且更容易打掃。**

（2）**徹底整理完成之後，就不用再想整理的事，所以對人生而言，接下來的課題，自然也會變得明確，也更能專注在此事上。**且真正的人生，是從「整理之後」開始。靠著整理家裡，等於順便「整

理了自己的過去」，而且也從中明確地了解到：人生中什麼是必要？什麼是不必要？什麼該做？什麼又該戒？

（3）是明白了「什麼叫做足夠」。近藤麻理惠認為，無論是囤積東西或吃東西，都和填補「不滿足」的欲求沒什麼不同。因為無論衝動購買或暴飲暴食，也都只是消除壓力的手段之一而已。

事實上，除了清理家中不用的東西，以免佔用寶貴的空間、影響身體健康；或是丟掉影響自己前進的觀念，以免影響心理健康之外，我個人也建議可以趁此機會，把過多的銀行存摺與帳戶，也同時進行整併及縮減。

就以「整理存摺」為例，《金錢整理》這本書的作者市居愛就表示，想要讓自己變得有錢，最先要做的是「整理各金錢通道（皮夾、存摺、冰箱等）」這些容易讓自己「漏財」的地方。她再三強調，只要這些「金錢通道」雜亂無章，就只會浪費時間與金錢，當然不可能變有錢。而在整理並丟掉不該要的東西，並且建立起正確的消費觀之後，才能開始進行儲蓄、轉為「變有錢」的正向循環。

另外在銀行帳戶上，不論是一般銀行或網路銀行帳戶開立太多之際，就很容易發生「較少登入網路銀行或使用帳戶」的情形。此時，如果帳戶內有異常交易，就不容易立刻發現。

因此對於會發生這種情形的人，我會建議只保留其中一、兩個「最順手」的網路銀行帳號，其餘少用的帳號通通取消（因為有些銀行可能會對靜止戶收取手續費）。甚至，連金融卡都不要申請，以降低被盜用的風險。更何況《金錢整理》這本書的作者市居愛也

建議，選擇固定往來銀行（有可能大幅降低貸款利率，開設綜合存款帳戶集合「活期存款」、「定期存款」及「活期儲蓄存款」），以及「將沒用的存摺清理掉」。

━━━━━ 幸福調味料 ━━━━━

不合時宜的觀念想法，請通通拋下

根據《斷捨離》作者山下英子的說法，所謂的「斷捨離」就是幫助減少身邊物品、嚴選正確觀念、精煉人際關係的一連串過程。簡單來說，不管原本如何，只要變成「不需要、不恰當、不舒適」的東西、觀念與人際關係，就一定要丟掉。

她認為，物品反映「自己的內心」，所以，整理及收拾物品的核心就在於「先要理心」。所以，不論是以上哪種原因，最終的解決之道就是：「重拾以自我為核心」的人生態度，避免繼續被那些無理由的怕浪費、怕買不到、怕送禮人難過等無意義的觀念給「綁架」。

山下英子表示，丟掉實體雜物，妳就能整理好心情；丟掉情緒雜物，妳會變得更有魄力。其實很多時候，我們都被一些不重要的事情綑綁了，這正是為什麼我們需要「減法」規則的原因。所以，假設已不再用它，那麼，留著只是一種負擔。試著放下，人生將更美好。

培養新嗜好，
延長妳的人生賞味期

　　由於退休後，最不缺也最令人煩惱的，應該就屬擁有大把、似乎永遠用不完的時間。因此，如果能夠培養一個或數個可以「殺時間」的興趣，也才能讓自己在退休後，不至於「閒到發慌、發霉」。像是在《別讓身體比妳老》這本書就曾提到，投入興趣通常需要花5～10年後才能樂在其中，如果想要老年生活有重心、有樂趣，從中年就要開始培養。該書引述專家的建議是：中年就應該培養五個以上的興趣，因為某些年輕時的興趣，如打球，老了之後可能無法繼續。而且，興趣多幾個，輪流從事也比較不容易「膩」。

　　當然啦，興趣之於人，並不見得一定是那麼需要嚴肅以對，「代表活著」的證據，還可能有積極正面的意義。例如《社畜中年》作者成毛真就認為，搞不好這興趣，未來也可能「翻轉人生」，有望成為

創造事業的第二春。

　　至於培養興趣的另一個積極正面的意義就在於：有益預防失智。日本老年及老年精神科醫師，也是日本失智症權威的今井幸充表示，專注於興趣之中對活化大腦細胞來說，是一種很好的刺激。而且興趣所帶來的樂趣和成就感，也能讓人更有活力，為每天的生活帶來更多變化，不再一成不變。

　　根據許多失智症專家的說法，有益於預防失智症的興趣，至少有以下幾種：

　　（1）**閱讀**。日本的今井幸充醫師表示，在閱讀雜誌或報紙的時候，必須解讀文章裡的每一個字，並理解內容，讀完之後腦中還會思考應想像後續發展，所以可以刺激並活化大腦的許多部位。他更建議在閱讀的同時進行「朗讀」，還可以帶動嘴巴的動作、聽到自己的聲音，進一步刺激到更多大腦的部位。

　　（2）**各種遊戲**。據說，各種遊戲之所以能預防失智症，是因為遊戲時必須不停「思考」。其中，又以兩人以上對戰遊戲的效果最好。從事這些遊戲時，不僅要思考自己的戰略，還必須同時留意與對方之間的妳來我往，會運用到很多感官能力。而適度的緊張感也會提高集中力和對事物的熱情，遊戲中還會一邊和對方聊天，這些都有很大的益處。

　　（3）**聽音樂或唱歌**。日本的今井幸充醫師認為，聽音樂可以「緩和情緒」。失智症患者常合併出現猜疑、焦慮等情緒問題，如果對音樂並無特別喜好的人，可聽一些大自然的鳥叫蟲鳴音樂，緩和情

緒；如果他們有喜愛的老歌，放些熟悉的老歌，可轉移注意力，放鬆開懷。音樂會幫助一個人從害怕、封閉到接受的過程，其實是腦細胞運用最多的時候。

而在《陪他走更遠》這本書中，親自照顧自己失智父親多年的作者伊佳奇就特別提到了音樂治療，是失智症的非藥物治療其中一個方法。由於音樂可以減緩焦慮和壓力，放鬆身心，因此，一般認為可有效預防失智症。

當然，音樂治療包含了聆聽音樂、自己演唱或演奏樂器。但是，如果一般民眾想要達到較好的預防失智症效果，專家建議可以多嘗試「演唱」和「演奏樂器」這兩種，能夠活化大腦更多部位的音樂治療方式。

（4）**寫書法**。根據研究報告指出，書法可讓人在「知覺、認知、動作」進行協同合作，刺激及激活大腦的發展，提高空間視覺、運動協調和注意力，有助於減緩失智症的退化。

（5）**舞蹈**。美國科羅拉多州立大學神經科學教授 Agnieszka Burzynska 就表示，大腦白質如同訊號通道，一旦退化，記憶與協調性都會變差。但學習舞蹈，則可幫助改善大腦白質的健康。

（6）**素描**。根據最新的一份大腦研究報告顯示，當人的注意力散漫之後，記憶力就會衰退。藉由素描來練習觀察力、養成深入觀察的習慣，就能提高注意力。此外該報告也指出，素描的另一個好處，就是可以立刻確認自己的觀察程度，也能預防健忘。既然素描練習可以鍛鍊大腦的各種功能，自然有助於預防失智症的發生。

（7）**拈花惹草**。根據統計，在拈花惹草的過程中，植栽花草的顏色、釋放出的氣味、外在的質感等，都能有效刺激人體的感官，而且，可以消除疲勞和減輕壓力、鬆弛神經與控制情緒。

在栽種植物的過程中，耕種者也需要做出不同程度的決策，例如花盆的大小、植物的顏色的配搭、澆水的份量、擺放位置、施肥份量等。且在栽種過程中，也常會遇到困難，像是蟲害、植物凋謝、如何修剪枝葉等，這些都需要長者，透過大腦運用一些能力來解決困難，自然有助於強化及活化大腦。

多方培養新嗜好，避免與社會脫節

以上介紹了不少許多專家所推薦的好興趣，但總的來説，我個人認為值得在退休前培養的興趣，至少應該具有以下的特點才好：

（1）**儘量不花錢**。特別是對於退休金不足的人來説，錢已經都要「省著點花」了，怎麼還有可能砸錢在「不能吃飽」的個人興趣上。例如《兩個人的老後》作者平安壽子就曾在書中提到：「花錢找興趣，在眼下不景氣的大環境裡，這種悠閒的生活，只能説是奢侈。對為了生活而拼命的人來説，甚至是可惡」。個人認為，她寫的其實也有幾分道理。

（2）**能夠「動手」或「動腦」**。日本失智症照護專科醫師今井幸充就表示，運動身體可以活化「運動皮質」。而運動皮質的大部分區域，又和手部、手指的動作有關。手指的各種細微動作，都是

藉由大腦不同領域的運作而產生，因此，多活動手指對於大腦的大範圍活化非常有幫助。

　　其實做任何事情都好，只要自己能從中感覺樂趣即可。像是陶藝、手工藝、樂器演奏等，需要花一點時間的活動，或是利用瑣碎的時間進行折紙、電腦打字等也很有幫助。

　　（3）如果靠自己就能從事、不需要依賴別人，也比較能夠持續且長久。像是打牌或打麻將，雖然也有助於「動動腦」、預防失智，但至少都需要另外一個人的配合。當然，如果妳把這種興趣當作人際交流活動，也是不錯的啦。但是，假設一個興趣能兼具更多效果（例如下面會提到的），當然也值得採用嘍～

　　（4）簡單、容易維持，且沒有天氣或地點的限制。例如去健身房運動，不但有「地點」的限制，如果遇到刮風下雨，很可能也懶得出門；至於唱卡拉 OK 或樂器演奏，多少也有地點與設備的限制；甚至是揪朋友打麻將，也會遇到「三缺一」湊不了一桌的問題。

　　（5）集多功能於一身且無副作用。像是「與朋友一起跳社交舞」，既能走出門與人交流，又能運動到大腦及身體上下，是非常好的「集多功能於一身」的興趣。

　　至於「無副作用」的興趣，雖然現在已有不少國外研究顯示，「打電玩」也可以預防及延緩老年失智。但是，個人卻非常不推薦。原因很簡單，就算是雙人的遊戲，也很難做到「出門與他人聊天、互動」，且多數也只是靜態的活動，沒有有益身體運動的動態；另一個更重要的原因是：有害眼睛健康。特別是年紀大的人眼力已經大

幅弱化，儘管電玩對提升大腦功能有益，但對眼力有害之下，這種還是別做的好，還是找其他集多項功能於一身，且沒有副作用的興趣吧！

　　看到這裡，讀者一定會緊接著問：「舉了那麼多項標準，妳心目中最好的興趣，又是什麼呢？綜合以上的幾項「最佳興趣標準」，**我個人最建議的是「作飯」與「種菜」這兩項。**

　　因為，這兩種活動都具有多種功能，既能活化大腦、動手指頭，又能促進自己的飲食健康與節省飲食花費；且這兩項可以一人就能著手，也可以「與眾人同樂」；甚至，多種的蔬菜或手作甜點、食物，還可以送人、與人交流，真可以說是具有「一舉數得」的好效果吶！

千萬要服老，
搭大眾運輸工具最好

在個人在過去採訪中，就有聽聞有照顧專家不忘提醒：老人家最好還是「別自己開車」，這真的是因為年紀大的人，不僅反應會變慢，還會因為較易有突發疾病的發生（例如心臟病、中風或突然出現暫時性失憶狀況……），而造成自傷或傷人的情況。既然老年人駕駛汽車，都如此危險之下，機車當然就更不該是選項之一。

實際以警政署最近的統計為例，近 6 年共有六千多位機車騎士，因為車禍而死亡。其中，又以 65 歲以上老人最多，其次是 18 ～ 24 歲族群。且兩者相加，就佔了總死亡人數的 43%。

再從機車車禍受傷人數的統計來看，近 6 年機車車禍受傷共 177 萬 8,716 人，其中 18 ～ 24 歲的受傷機車族有 61 萬 3,976 人，比率高達 34%；至於 65 歲以上的老人，受傷人數則名列第四。

根據警政署的說法，年長者因為反應慢、身體狀況不如年輕人，再加上鄉下地區騎士可能未戴安全帽，所以，一旦發生車禍，老年人的死亡率就會偏高。

那麼，老年駕駛發生車禍的比率有多高呢？暢銷書《如何照顧失去老伴的爸媽》當中就曾引用資料指出：以日本為例，75 歲以上擁有駕駛執照的人，約是 10 年的 3 倍；而 70 歲以上駕駛者的車禍率，比起四十幾歲的駕駛者，則大約高出 2 ～ 3 倍。其中主要的原因首推「年齡增加，對動態視力的影響尤其大」。舉例來說，年輕人可判獨出 100 公尺以外的標誌；但超過 70 歲以上的人，則大概要到接近 60 公尺左右的距離，才能夠做出判讀；假設是在晚上，則距離更為縮短到 10 ～ 20 公尺左右才行。

細心規劃退休宅的交通動線

事實上，暢銷書《老後生活心事典》作者，也是老年行為科學博士的佐藤真一就特別提到：駕駛車輛需要高度的分散性注意力，但隨著腦部機能的衰退，就會慢慢失去這些能力。

一般來說，人類用來處理訊息的大腦資源，也就是資源的數量，就算人變老了，也幾乎不會改變。但是，處理的速度卻會慢多了。而就以開車這件事來說，它必須同時處理各式各樣的訊息，但老年人通常只能顧及自己開車而已，對於周圍的車輛和行人就無暇注意。而這，也是為什麼上了年紀的人，「開車能力變差」的原因。

事實上，老人出車禍的原因，除了反應慢、視線不良等因素外，還有就是與潛在的失智症有關。例如台灣失智症協會秘書長湯麗玉也強調，現在失智症的確診率不到三成，七成的潛在病人常是道路上的危險駕駛、也容易走失、發生事故等，造成潛在的社會及家庭壓力。

　　暢銷書《下流老人》的作者也在書中歸納出會造成下流老人的原因之一，就是「因疾病或意外，而支付高額醫療費」。其中以意外來說，高齡者自己可能是受害者，但有時也會成為加害者。

　　很多高齡駕駛都會將汽車的油門，錯當煞車踩，而造成重大意外。如果只是造成汽車的損毀還好，但常常有時候，會造成人員傷亡，而被要求巨額的損害賠償。正由於老年開車或騎車的車禍比率提高，且有可能是造成「下流老人」的重要原因之一。所以，個人才會特別建議：最好儘早開始練習搭乘大眾交通運輸工具。因為，當習慣成自然之後，也才能減少自己騎機車或開車的習慣，從源頭避開車禍傷身或傷荷包的風險。

　　當然，如果要順利降低自己騎車或開車的機率，那麼，所住的地方必須是有「極為便利的大眾運輸工具」才行。由此，更突顯出為退休後住所進行規劃及準備的重要性吶！

開始寫日記，
方便記事也可理心

　　四、五年級生在小學階段，大概都有過寫日記或週記的經驗。由於多數人都是被強迫要求，所以在離開學校之後，大概很少人會自己主動開始不間斷地寫日記。

　　事實上，寫日記不只是個單純記錄的動作，它還對人的身、心理健康，具有令人意想不到的有益效果。首先第一個好處就是，**多動動腦、預防大腦功能衰退**。例如日本失智照護專科醫師今井幸充就表示：「想要預防大腦功能衰退，最有效的方法就是多多動腦。最好每天都能有意識地使用，和事件記憶相關的大腦領域，例如書寫一、天之前的日記，也就是刻意隔一段時間再回想、記錄當天所做的事情。內容包含在什麼時候、在哪裡、和誰、做了什麼事情，再具體寫下當下的心情和感覺。而且最好用手寫，因為寫字的時候，

必須思考每一個字怎麼寫，對大腦也是很好的刺激」。

至於寫日記的另一大好處，則是有助「紓壓」。筆者之前因為經常採訪而成為好朋友的精神科醫師楊聰財就不忘強調，寫日記是讓身心健康的方法之一，也同時具有「整理思緒」的功能。當人如果處於負面情緒之中，同時有好幾件不開心的事，可以透過心情日記來整理思序，寫下這些令人不開心的事及其原因。寫下來也許無法讓心情變好，但至少比單純不開心好一些。

他認為，所謂的「日記」，也可以有不同層次之分。例如有負面情緒時，可先寫屬於最低層次的「心情日記」，內容只是記錄不開心的事及原因就好；之後，可以更進一步進階寫較為積極且正面的「感恩日記」，藉由「感謝他人」以「肯定自己還有人緣」，讓自己覺得不是那麼孤單，自然也有助於心情的改善。最後，則可以寫最高層次的「快樂日記」，讓自己更加正向。

用日記紀錄心情，讓思慮更理性

楊聰財醫師表示，他都會建議來診所諮詢的人，訓練自己每天在睡前「寫日記」。在這每天的功課裡，主要是記錄 1～3 項今天讓自己快樂的事。記錄的內容包括「快樂的事」，以及「分析這件事讓自己快樂的原因」。

他再三解釋，在睡前寫快樂日記的好處在於：分析快樂的事，會讓大腦多分泌更多血清素，而血清素既有助於睡眠，又能改善負

面的情緒，而轉為快樂及正面。

而在寫日記一段時間（例如 3 ～ 6 個月）之後，楊聰財建議最好能撥點時間「定期回顧」之前寫的日記內容。這個時候，多數人才會發覺「之前的自己，居然如此地負面思想」！

為什麼單純一個「每天寫日記」的行慣，會對一個人起著如此重大的改變？楊聰財解釋，一般人在思考時，是用到大腦的前額葉。而前額葉大腦，又稱為「理性大腦（相對此，大腦的邊緣系統，則是主導情緒，所以又稱為「情緒大腦」）」，所以在邊寫日記、邊思考時，就能把理性思考的前額葉大腦主導權給「拉回來」，而不讓大腦受到負面情緒的影響。

像楊聰財的太太，同時也是一位護理師的魏兆玟就記得，在父親過世之前，也是強迫自己每天寫日記好多年，才讓她避免落入負面且罪惡感極深的憂鬱情緒中。

深究箇中緣由即在於，寫日記首先會讓自己有「活在當下」的感覺，而將心情寫下來，可以讓自己的思想更加「理性」。其次，藉由紙與筆的記錄，就算一、兩句話也好，因為，藉由筆在紙上寫字的觸覺，不僅具有一定的「溫度」，也更適合大腦的思考。「因為有份研究顯示：人們閱讀紙本書時，可能會在腦中建立如地形般的心智地圖，比起使用螢幕閱讀，更容易記住內容、提升理解力」，她說。

找尋舌尖上最愛的味道，
三餐自理有一套

別懷疑，這可是對自己未來退休生活相當有益的一項做法。例如就有研究指出，喜歡做飯的人不易得認知障礙症，因為，「操心一天三餐」對大腦來說，原本就是一種良性的刺激。

曾有醫學研究報導致出，所有的家事中，最需要動腦的就是烹飪。也許對於長年來一直為家人準備餐點的人來說，聽到這個訊息或許會覺得很意外，其實做好一頓菜，需要大腦各個不同區域的運作。在做菜的時候，首先要擬菜單，這時會思考很多事情並進行判斷，例如自己和家人愛吃什麼菜、冰箱裡有什麼食材、是否和最近的菜單重複等。

至於做菜的過程，會運動到手指，以判斷食材的狀態和是否煮熟，也會同時運用到視覺、嗅覺、聽覺、味覺、觸覺等各種感官，能夠充分活化大腦的各個區域。再加上一般人在做菜時，通常會同時準備兩、

三道菜。而為了有效率地同時間上菜，就必須思考每一道菜的步驟，以及個別所需要多少時間，然後再做進行妥善安排。

做菜的同時，也必須有效率地使用廚房裡的有限空間和各種工具，做菜的時候還需要一邊把用過的鍋碗瓢盆洗乾淨，是一項非常需要動腦的家事，也是平常生活中，能每天持續的失智症預防方法。所以，平常若沒有做菜的習慣，退休後也不妨可以偶爾挑戰看看。

找尋兒時懷念的味道，減緩記憶退化

事實上，自己作飯的好處還真的不少，例如在《趁妳還記得》這本書中，長期照顧失智症父親的作者伊佳奇就曾提到，「非藥物治療失智症」的方法之一就是「懷舊療法（Reminiscence Therapy）」。那時他為了做菜的過程及菜餚的味道，能讓父親記起往事點滴，減緩記憶退化。另一方面，也希望讓父親，經由聞與看到食物，喚起他的記憶，而與太太一起去學福州菜，也常帶著父親去吃福州菜館。

事實上，不論從節省花費，或是身體健康的角度，外食總是不如在家裡做飯來得好。更何況自己做飯不但可以省錢，又可以兼顧健康（可以避免餐飲小吃無法去掉的「高油、高鹽、高糖」問題），更能有助失智症的預防，真可以說是「一舉三得」。

當然啦，很多單身的讀者也許會說：「我一個人住，就算能有廚房可以煮食，一個人份的食材採買，不但困難，還可能不會比外食來得便宜」。這時候，妳（你）就可以發現「同居共老」的好處了。

因為好幾個人住在一起，至少可以比租個單身套房，多個可以做菜的廚房。且多人分攤採買食材的錢，也能樣低成本。更重要的是：幾個朋友一起做菜、聊天、吃飯，也比一個人坐在家裡，沒精打采地吃著食不知味的飯菜，要好的太多了。

《社畜中年》一書作者成毛真就認為，其實，食物對人的意義，有時候可能更超過「身體健康」的功能，因為食物能造就一個人：從食物可以看出那個人有著什麼樣的思考、過著什麼樣的生活。換言之，料理是一項讓人擁有人類樣子的行為。

他認為料理要做得好，如何巧妙安排從選擇食材到盛盤的步驟是重點。所以，料理既可以鍛練組織力，還能追求創造力和對食材的知識。更何況「對食材有所堅持的人，應該也特別擅長於觀察力和研究力」，他說。而張芳玲在《遇見未來的自己》這本書中也特別提到，其實我們生活中的一切源頭都來自於廚房，不論是為了增加生活情趣或是愛護健康之故，做飯給自己吃肯定是遲早要走的路，以前是煮給家人吃，未來可能是弄給自己吃，所以，增加在家吃飯、帶便當、減少外食等習慣，絕對是妳退休後的生活樣態。也因此，我也同樣建議讀者們，最好給自己創造一個兼顧機能與舒適性的廚房和餐廳，以便「帶給妳自己、家人、朋友很多美好的回憶」。

若妳是獨居，建議換台小冰箱

如果要在家做飯，冰箱可是一大重要工具。但如果妳是自己一個人住，那麼我建議不妨換台容量小一點的冰箱。

首先，從省電的角度來看，在大冰箱裡塞滿食材徒然消耗電力、浪費錢。其次，大冰箱因為空間大，反而容易讓妳「看到東西便宜，就買了一大堆」。加上由於只有一個人使用，食物若消耗不及，演變到最後只會變成「吃到不夠新鮮的食物」，或是食物變成「過期品」而被迫丟掉，結果不是損害身體健康，就是浪費食物。

在家用自然農法「自耕自食」，既省錢又健康

如果要在家做飯，特別是單身或小孩已經長大，根本不在家一起吃飯的大齡熟女，最煩惱的就是「一個人或夫妻兩人每餐所用食材不多」。通常，在超市採買的份量又太多，就算分餐吃完，等於是好幾餐都在吃同樣的菜。更何況又得擔心蔬菜農藥殘留的問題，如果要買有機蔬菜，不但價格貴上許多，也不一定能買到令人安心的真正有機食材。

這個時候，如果能有機會「自己種無毒、有機的蔬菜」，也許能解決不少的問題及困擾。只不過，現代人的住家，不是公寓就是高樓大廈，很少有能夠耕種的土地，能夠讓自己耕種無毒且有機的食材。

但別擔心，現在已經有不少民間公益團體，都有在努力推廣一種「自然農法」，只要善用自家有日照的陽台空間，就能種出無毒、有機的蔬菜，不但讓自己有事可做、有活可動（不要忘了，從事植物栽種不只活動筋骨，也同樣活絡大腦、預防失智），還可以讓自己吃的安心、省下不少買菜錢。有興趣的讀者，可以上我朋友經營的「牡丹生態農場」的網站，裡面有相關的介紹，甚至只要去電，也能提供免費的諮詢服務，值得讀者們善加利用。

夫妻關係定期更新，
家人交流首重「心」

　　我常聽某些女性朋友向我抱怨另一半，退休前、後整天窩在家裡、三餐無肉不歡且重油、重鹹、重口味，既不運動，又不與人接觸，她們非常擔心再繼續這樣下去，中風與失智就會毀了雙方的健康。

　　這個時候，我常開玩笑跟女方說：各人業障各人擔。他不注重身體健康，哪天出現中風或失智，當他的靈魂被禁錮在完全不能使喚與行動的軀殼裡，最痛苦的反而是他，不是妳！

　　實際遇到這些女性朋友的老公們時，他們共同都有一種似是而非的「鄉愿」說法：人幹嘛活那麼長嘛～人總有一死，遇到了就「兩腿一伸」，反而痛快、沒負擔！

　　這時，我都會跟男方說：人終歸一死沒錯，但這世上沒人能確知自己的「死法」。如果每個人都是「兩腿一伸就走了」，那還算是「沒

有痛苦」且「可喜可賀」。但如果自己想走卻走不掉，照顧的人是很辛苦沒錯，但最痛苦的還是當事人自己。

聽到這些話，對方的臉色總是不好看且頻翻白眼。雖然有的人還是會嘴硬地「不承認自己會那麼倒楣」，但我相信他們絕對不敢保證「自己未來『想走』，就一定能按自己的意願『走掉』」。

又例如有些已婚女性朋友，也常向我抱怨先生在家事上「從不幫忙」；再不然就是婆婆心裡只有小姑或小叔，不但好事都輪不到自己頭上，也常常對自己酸言酸語，讓她們覺得「好媳婦難為」呐。

說到這裡，就讓我想起之前看到不少網路的文章，都有提到中年之後，千萬不要勉強自己去迎合或討好別人。個人對此深有同感，也希望與眾讀者們在此，一同分享及回答「重新經營夫婦及家人關係」這個議題。

首先要解釋的是，「不要勉強自己去迎合或討好他人」，並不是說「只要我喜歡，有什麼不可以」，而是這世上的每一個人，都是獨立自主的個體，再加上對方都活了這麼些歲數了，歷經數十年才養成的個性，哪能「說改就改」？

既然改不了別人，唯一一條路，就只有「改變自己」。那麼，如何改變自己呢？我的一位心靈導師，也是《還我本來面目》一書作者吳至青常告訴我：人要做到「正能量的正向思考」，最重要的一件事就是「別因為他人而生氣」。

她特別強調：「當人生氣的時候，就會產生怨恨；而只要這怨恨之念一起，人的能量（在她的說法就是「振動頻率」）就會降低。時

間久了，心裡與身體都會跟著生病」。

那麼，要如何做到「不生氣、不動念」呢？吳至青認為唯一的辦法，就是「停止投射期望在對方身上」。因為，只要對對方沒有任何期望，心裡就不會有怨恨之心，也就是怨恨自己付出太多，但從對方「回收太少」。

至青老師認為，一般人最容易心生怨恨的情形是：先生既不溫柔，又不體貼，更常「不照自己的話做」；自己的父母或公婆偏愛其他小孩，凡事都不會心向自己；子女大了之後，一點都不懂得孝順；甚至是辦公室同事、朋友或上司，老是看自己不順眼、有機會總是要找自己麻煩……。

強求「面面俱到」，則往往面面都「不俱到」

然而，人心都是肉做的，所以，只要妳肯付出真心，對方一定會感受得到。但，也許妳會說：我對另一半、家人或同事等，已經到了掏心掏肺的地步了，卻仍得不到對方善意的回饋。

這種情形，在至青老師的說法是「前世所欠的債」，且前欠的債越重，來世成為親近家人或朋友的機率就越高。也許這話妳聽來很「玄」或非常不可思議，但我個人對此的解釋是，如果妳肯用「贖前世欠對方債」的心情以對，相信心情也會變的釋然，甚至更能夠達到「笑罵由人」的超脫境界。

再說了，人生在世，不可能討好每一個人，讓每一個人都喜歡自

己，一切只要盡力而為即可！千萬別忘了，「面面俱到，則面面都不俱到」。就像我一位長輩常常告訴我的：永遠記得自己要的是什麼？且這個決定一定是眾多選擇中「副作用及悔恨感最小」的那一個。

除了用智慧「盡力做」之外，至青老師也常勸我，千萬不要對他人「抱任何期望」，也絕不要認為對方「應該」要為自己做什麼？且更重要的是：當自己的「期望不高」，且對方有少許的「正向回饋」時，意外驚喜的心情反而讓自己「充滿快樂」。

所以，我也想這麼告訴讀者：既然改不了對方，光是自己生悶氣也無繼於事，還不如放開心情，找一些自己喜歡的事情（例如興趣），讓自己的心老是糾結在這些愛恨情仇上，才不至於影響個人的心理與生理的健康。

別忘了中醫理論就認為，人之所以會生病，除了「外邪（外來的病菌、病毒）」入侵，另一大病因就是「內因」。這裡的內因，除了包括「不正常的日常生活飲食習慣」外，最重要的就是來自個人情緒（也就是中醫所說的五志—喜、怒、悲、思、恐）的失衡。

我們平常常會說一句祝福的話叫「心想事成」，其背後就隱藏著「思想決定行為、行為決定習慣、習慣決定性格、性格決定命運」。所以說，中國人的「命相術」之所以會提到能「改運」，最主要的關鍵，就在於一個人的「心」，而不是什麼需要花大錢所需要進行的「改運」。

記得在《向癒》這本書中，作者李宇銘就有特別提到，人之所以會得許多疾病，特別是難治或慢性病，最主要的原因就是「心想事

（病）成」。在書中，他是以「疾病功能法」來了解疾病背後的意義。他表示，每一種疾病的出現，總是會讓我們的生活，做不到一些功能，也就是在健康的時候，身體本身可以做到的正常能力，因為生病了而做不到，這「做不到」其實就是自己「心想事成」。簡單來說，人之所以會生病，就是因為對日常生活環境不滿，心裡上無法解決，最終，就是由「身體出現疾病」這樣的方式顯現出來。

所以總的來說，大齡熟女們想要重新經營夫婦或家人關係時，請無時無刻地提醒自己：此生來世的三大目的與使命，先把自己的正能量提升起來，再努力提升家人與更多人的正能量。

而要想經營好夫婦與家人的關係，首先妳必須誠實與對方進行溝通。至於如何溝通，相信人生已經歷 50 多個年頭的大齡熟女們，絕對有這個聰明、智慧去解決。當然，如果對方溝通無效，妳也不必「往心裡去」。因為，每個人都得為自己的行為負責，卻不必為他人負責，更不必將此放在心上。

特別是以本文開頭提到的故事為例，佛家說「各人造業各人擔」。所以，自己只要盡到「告知及提醒對方」的義務就好，至於對方會不會照做，也完全與自己無關，既沒必要因此生悶氣、造成雙方關係的緊張，更不必為對方過於擔心。因為，未來真正受苦的是對方，不是自己！且當「前世債」在此世「還清」之後，至少下輩子，就不再相欠與互相折磨了～

面對人生第二春，
妳的「必修課」是什麼？

年過 50 歲之後，距離法定退休年齡 —— 65 歲，也不過是未滿 15 年的時間。假設讀者是從 25 歲開始邁入職場，這個時候的工作年資，差不多已超過 25 年了。

而在這漫長的職場生涯中，不論是為了讓家人過的更好，或是進一步在工作場所爬上更高的位置，所有的重心幾乎都是放在「工作」上。但在 50 歲之後，除了「工作」之外，個人認為有可能需要多思考「人生第二春」的問題。

至少，工作將不會是年過 50 的妳，一天 24 小時生活的全部！特別是如果妳覺得過去那 50 年，對自己任何所做所為的印象與記憶，全都是「一片模糊」的話。個人認為最該思考的，就是「此生目的」這個命題。

如同《人生下半場，我想要這樣的生活》一書作者廣瀨裕子所說：「正因為人生在世的時間有終點，所以更要活得充實」。而我個人認為，人既然活在這個世上，都是有一定目的，照佛家的說法就是「每個人都有此生的『功課』要做完」。例如我的心靈導師吳至青，就常常提醒我們：我們人生在這個世界上，有三個重要「目的」與「使命」。其一是「提升自己的正能量」，其二是「提升家人的正能量」，第三是「提升更多人的正能量」。

　　如果是再通俗一些的說法，這裡所說的「正能量」，並不是世間所謂的「名」、「利」、「權」、「情」，而是「讓自己不枉在這世上走一遭」，並且全力幫助周邊的人，以達到「共好」的目標。

　　以上簡單來說，人之所以會來到這個世上，絕對不是「白來一遭」。所以，順著至青老師的提醒，我個人也極為建議，在年過半百之後，不管現在是單身、已婚、離婚、失去另一半或有沒有小孩，都應該認真思考「此生來到這世上的目的為何」？能不能在走完人生這段路之後，心裡留下任何「遺憾」？

　　而這裡的「遺憾」，個人認為既不是「沒有時間與金錢環遊世界一周」，也不是「此生沒有談場轟轟烈烈的愛情」，更不是「獲得世間最高的名聲與權利」，而是上面提到的三個人生三大重要目的—提升自己、家人與更多人的正能量。

工作不等於公司，公司也不等於人生

　　而我對以上三大目的的體悟是：先改掉自己沒能做好的缺失，再透過自己的智慧與正向影響力，讓周遭親近的家人與更多旁人，都能朝向「至善」的盡界邁進。

　　至於對於現有「工作」的態度，我個人的看法是：假設 50 歲的妳所從事的工作，只剩下「唯一能混口飯吃、領一份吃不飽又餓不死的薪水」這項功能時，基本上，已經沒法對這樣的「工作」奢望太多。

　　在這樣的前提下，「工作」之於人的意義，也許就只剩下「老闆付多少薪水，我就做多少事情」了。至於剩下來的多餘時間、體力與智力，個人建議可以「找其他出路」。例如在《社畜中年》這本書中，作者成毛真就表示：「邁入中年的人必須擁有的不是『工作論』，而是如何開拓外在世界的『放鬆論』」。再三強調「身處在努力也沒有報酬的時代，並非我們的錯，因此，更不要為了公司鞠躬盡瘁」的成毛真建議，除了選擇壓力較輕的工作、保持身體的健康之外，還要傾注於自己的嗜好與副業。

　　也許這理論聽在企業主的耳朵裡，恐怕是一種「大逆不道」。但是，從另一位《離職後的自由》作者稻垣惠美子的故事，也許可以給讀者們滿大的啟發。

　　單身無夫無子，又沒有多少存款的她，因為想通了「繼續賴在公司裡卻沒有任何貢獻，這段時間對於自己剩餘人生來說才是真正

可惜」這一層道理，就在年過 50 歲後，主動辭掉了原本穩定的工作。

　　書中，惠美子提供了她勇敢辭掉工作的領悟是「工作應該不等於公司，公司也不應該等於人生」。所以她特別想要強調的一點是：如果能成功讓自己不再依賴公司，相信原本工作帶來的喜悅，也會跟著復甦。

　　當然，也許不是每一位大齡熟女，都能夠非常灑脫地「不在乎一份固定的薪水收入」。所以，如果妳問我年過 50 之後，該如何看待「工作」這件事，我個人的回答將是：公司既付妳一份薪水，不管這薪水合不合妳的意，理當做好本份的工作；但是，除非妳能確保在這份工作崗位上，一直到人生的最後一天，否則，妳對退休後「人生第二春意義」的思考，絕對是更甚於工作本身！

不只是「陪伴」，
阿貓阿狗往往更長情⋯⋯

《上流老人》一書的作者、日本精神科醫師保坂隆就舉了一位喪妻的男性朋友的例子。當他的兒子，主動送了一隻狗給他以後，他的生活便開始圍繞著狗打轉。由於每天早上 6 點以前就會被吵醒，因此不但生活變得有規慮，也養成了散步運動的好習慣。

其實，我認識許多差不多同年齡的朋友，因為子女都大了，有自己的交友圈，而不再像以前一樣「緊黏著」父母，另一半通常也一樣忙於工作。原本以子女及另一半為生活重心的妻子，則多半在這個時候開始養寵物、給自己作伴。

記得美國開國功臣富蘭克林（Benjamin Franklin）曾經說過：「美好的晚年需具備四個條件，即老伴、老本、老狗與老友」。而美國人養狗最多的理由，多半都是因為生活寂寞而「養狗為伴」。

然而，寵物在退休生活中所能擔任的任務，可不只「陪伴」這麼簡單。因為過去曾有研究顯示，在生理上一個人和寵物產生互動時（例如在對寵物說話和輕撫寵物的時候），血壓會顯著的降低，有助於讓精神放鬆。又例如在 2018 年時，瑞典 Uppsala 大學的研究團隊發現，狗狗不僅能夠給我們帶來快樂，還對我們的健康有利！Uppsala 大學的研究團隊調查了 340 萬人，發現養狗和不養狗的家庭，存在著明顯的差異。

　　其中，養狗的影響力對獨居的人來說最強，勝過有很多人的家庭。該份研究結果也顯示：如果獨居的話，有養狗的人身體出問題的機率，會比獨居沒有養狗者降低 36%。

　　至於為何養狗會對身體有利？研究團隊沒有詳加解釋，推測主要原因可能是狗狗的陪伴能夠讓人開心，這應該對健康也有一定的影響。且狗狗對煙霧、氣味、聲音都很敏感，關鍵時刻說不定還能救人一命。且有研究人員從寵物治療，對失智老人運用效果的研究中發現，當失智老人與小狗接觸時，小狗可提供多樣的感覺刺激，並且可以增加失智老人的社會行為。

　　日本失智照護專科醫師今井幸充也在這本《陪他走更遠》的書中提到：「寵物治療（Pet Therapy， Animal-Assisted Therapy，AAT）」是失智症腦力復健的方法之一（其餘 3 項分別為「懷舊療法（喚起患者過去的記憶）」、「定向感訓練（加強失智者對現食生活的認知，例如時間、場所等）」及「音樂治療（讓患者演唱孩提時的兒歌、演奏簡單的樂氣，達到放鬆、穩定期緒的效果）」）。

他特別強調，和動物接觸、進行交流，不但能放鬆心情，還能提高患者的自主性。

養牠，就別拋棄牠

事實上，養寵物不僅是有益大腦與心理健康，也還真具有「運動健身」的效果。例如照顧自己失智症父親多年，並將其中的心得寫下《趁你還記得》一書的作者伊佳奇就指出，如果選擇養狗，就能請長者每天帶著狗出門散步，以增進長者活動量及肢體運動。

然而，養寵物的對象不只是貓貓狗狗而已，每一種寵物帶人們的樂趣各有不同。例如日本的今井幸充醫師表示，養寵物可以增加生活的樂趣、紓解壓力、培養責任感等。譬如：欣賞水族缸中的游來游去的魚兒，可讓人心情平靜；貓狗則給予人們接觸、關心、運動及增加人際關係的機會；騎馬則讓人有機會學習身體操控和相互合作關係。寵物治療有助於失智老人的自我概念、生活滿意度、精神穩定、社交能力、個人整潔、社會心理功能、情緒等，都有一定程度的改變。

看到這裡，也許妳也想養隻寵物替自己作伴，但是在真正負擔起毛小孩的未來之前，我建議讀者要先思考一下下列問題：

（1）**養毛小孩的成本也不便宜**。以貓狗來說，每年檢查、施打疫苗和投藥，都是一筆開銷，如果寵物生病，更是要勤跑醫院。別忘了，現在國人 99.9％都有加入健保，但毛小孩可是不行。所以，

養隻寵物的醫藥費，動輒就是上萬元起跳。

首先在寵物就醫費用上，根據之前媒體的報導，喵星人、汪星人接受最基本抽血、X光檢查，動輒三、五千元，加上驗尿糞檢費用，6,000～9,000 元更是稀鬆平常，燒錢速度可比養小孩。甚至，因為寵物市場收費混亂，有些費用還可能比人類更貴。就以動物的胸部電腦斷層為例，價格介於 3,000～20,000 元；人類自費做電腦斷層檢查，約 3,000～5,000 元；至於洗腎，人類只要花 4,000 元，但寵物則要花 5,000～10,000 元。

正由於毛小孩的就醫費用「並不便宜」，也還可能比人看病還要貴。基於「養牠，就不要拋棄牠」的大前提，如果真捨不得花這些錢，我還是勸妳打消養貓狗的念頭。

（2）**以領養代替購買**。在此，要特別提醒想要養寵物的讀者，記得要以「領養」代替「購買」，且一定要植入晶片、打疫苗，甚至，為了避免牠們出門闖禍，造成其他人的人身及財產的損失，也可以幫牠們投保寵物險！

（3）**自身條件適合飼養嗎？**以大型犬為例，除了需要較大的空間外，每天還要帶出去讓牠們「運動個夠」。假設自己每天都懶得動、飼養空間又狹小、悶熱，講不客氣一些，這根本是在虐待動物，並不是真心把牠們當做家庭的一份子、對牠們的未來負責任。

（4）**愛牠就不要棄養牠**。因為從小在家裡養的寵物，不論是貓狗蟲魚鳥，到野外幾乎都沒有什麼謀生能力。曾有人指出，被拋棄的流浪貓由於多年與人類一起生活，早就喪失了野外求生的能力。

而在離開了主人的照顧，它們往往因為找不到食物，風餐露宿而失去了性命。野貓們由於飽受飢餓、寒冷、車禍、疾病、驚嚇的威脅，壽命只有三、五年左右。其中，年齡越大的貓死亡率越高，超過3—5歲的貓幾乎不能成活，往往在三個月內就會死掉。

而 Cat-Res 的動物學者通過標記的手段，觀察了五百隻被拋棄的純家貓，流浪後的生活。這些被拋棄的純家貓，有30%會在流浪的前6個月死去。而對於被拋棄的所有純家養貓而言，它們很難活到流浪後的第四年。93%的純家貓在流浪的三年之中便已經死去了。也就是說，純家貓一旦被人拋棄，意味著死亡，它們在野外難以存活。

（5）**小心寵物的「副作用」**。這裡的「副作用」，一是死亡，二是寵物活得太長。一般人的平均壽命是80歲，但以家貓與小型犬為例，平均壽命是15歲，大型犬則差不多是10歲，精神科醫師楊聰財便以過來人經驗提醒，即使是用心照護，仍然得面對寵物的生老病死。

他更不忘強調：「總有一天牠會因為時間到了，先去跟上帝喝咖啡。因此，如同對待親密的家人，提早學會接受與放下，預習這堂愛的功課，才能圓滿的告別」。

當然，不是所有的人，都能參透這堂愛的功課。例如我有位朋友，他是從來不養任何「有生命」的生物，包括植物，因為他無法忍受生離死別的痛苦。這個時候，養寵物恐怕不是個值得參考的好方法。恐怕只能靠「多交朋友及多培養其他興趣，既讓自己不寂寞，

也有助身、心理的健康」了。

　　此外，有些寵物的年齡是很長的，像一般貓、狗，大概是 10 ～ 12 年的壽命，但像有些鸚鵡，例如金鋼鸚鵡的壽命，野生的至少是 30 ～ 40 年，人工飼養的甚至可達 60 年。如此一來，主人可能還要為這些寵物，預先想好下一位照料的主人。

養毛小孩費用風險不小，有哪些保單可買？

儘管養隻毛小孩可以給自己做伴，但除了日常的飼料費用、植入晶片及施打疫苗等固定的費用外，最花錢的可能就是沒有健保給付的醫療，以及可能因為咬傷鄰居、第三人的賠償費用了。

這時候，飼主恐怕就得靠投保由產險公司所推出的寵物險了。根據保發中心統計，寵物險近 5 年來，每年的銷售除了民國 102 年，每年銷售件數都在百件以下，而且近 3 年來銷售的件數每年都在遞減中，分別 81 件、79 件及 62 件。但是，由於寵物醫藥費都不便宜，使得近 3 年賠款率大跳升。民國 103 年賠款率才 46%，但到了民國 104 年及 105 年已到了 86%、76%，完全突顯出寵物的醫療費用的昂貴。

目前，國內約有三張寵物險保單，一年保費才五千多元，但貓、狗守術及醫療費用最高可理賠 15 萬元。然而，需要提醒有興趣讀者注意的是：產險公司對於寵物的年齡，也多半有所限制。一般來說，貓狗是從 8 ～ 18 周開始承保，最高則續保到 9 ～ 13 歲。事實上，養毛小孩會花大錢的，除了醫藥費用外，也可能會在「寵物咬傷人或他人愛犬」上，產生不小的風險。之前就有媒體報導，有一位主人帶著愛犬散步，沒想到自己的狗與另一隻狗互咬，而且還把對方咬死，被咬死的是德國進口的波爾多種狗，因此對方飼主提出高額求償。理賠的 18 萬元，包括了當初名犬進口的檢疫費、飛機運費、喪葬處理費，以及名犬市價等。

假設飼主擔心以上的風險，並想要將此風險轉移給保險公司，建議除了可以購買寵物綜合保險外，還可以選擇多數產險公司都有賣的「個人責任險（加庭成員責任險）」。

Chapter 2

財富規劃要趁早
人生無法喊卡重來

妳想幾歲退休，沒人管得著妳，只是……妳確定
自己「確實精算」過口袋裡的 money 夠用嘛？
或許……能撐多久才是最重要的事情！
當然，妳看到這裡也先別慌，先想想自己需要的
退休金水位後，再減去「現有資產盤點」，算算
看妳的退休基金缺口有多大？畢竟這個缺口，將
在未來決定及指導妳退休後的生活及各項作為。

女性餘命高過男性，妳的退休銀彈是否備妥？

如果是細心的讀者，應該會注意到我這裡有特別提到「確實精算」這四個字。沒錯，這四個字是很大的重點。為什麼？理由如下：

首先，**退休後到底要準備多少錢，已經不容許妳打迷糊仗了。**在 50 歲之前，因為時間還早，對於實際退休金額需要多少，可以不用那麼精確，只要一個大略數字就行。更何況，退休前與退休後的花費不同，當距離的時間太長時，就很難估算出退休後的「最起碼生活費用」。

其次，**先要能精確計算出實際應該要準備的退休金，才能知道還有多少差額？而這個差額的大小，就決定了妳在接下來的這個退休的衝刺期中，到底能有哪些作為？**是「小拚一下，再努力多存一些退休金」？還是「根本很難達到，就只能想辦法努力開始降低生

活花費」？亦或是「想辦法在 65 歲退休後另外找一個工作」？

簡單來說，只有透過「確實精算」出所需的退休金之後，再減去下一篇的「現有資產盤點」，妳才知道其中的缺口有多？且這個缺口，完全決定及指導妳退休後的生活及各項作為。而為了精確地計算此生的退休金，讀者必須先確定以下三件事：

（1）退休年紀（when，何時退休）：事實上，不論是已經定案的軍、公、教年改方案，或是現有的勞工保險退休制度，除了少數例外的情況外，幾乎都已經朝向「65 歲為法定退休年齡」的統一模式。也就是說，絕大多數民眾，不論身分是軍、公、教、勞，退休年齡都只能設定在 65 歲。

而在設定退休年紀之後，用「平均餘命」或「自己假設餘命（例如家族成員中，差不多的平均壽命）」減去退休年齡後，再乘上每年的預計花費金額，就很容易得出準備退休金的總金額。

（2）餘命：一般來說，可以「國人平均餘命」來設算。根據內政部所公佈的「2017 年簡易生命表」，國人的平均壽命為 80.4 歲。其中，男性平均壽命 77.3 歲，女性則為 83.7 歲。

再以勞工在法定的 65 歲退休、台北市民平均餘命是 83.57 歲為例，表示退休後平均還有近 19 年可活。代表住在台北市的勞工，必須準備至少差不多 20 年的生活費，才可能會「夠用」（各縣市的平均餘命，詳見圖 1）。

圖 1、全國及各縣市平均餘命

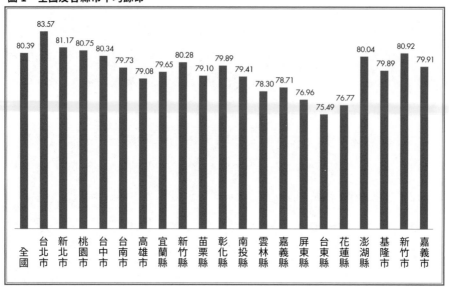

資料來源：內政部「106 年簡易生命表」

　　（3）**定期與固定花費**：在這裡，一個最簡便且不花腦筋的算法，就是依照行政院主計處「2017 年家庭收支調查報告」裡的數字－台灣地區平均每人年可支配所得（所得總額扣除稅費、利息等非消費支出）27,659 元，以及平均餘命 20 年來算，等於這輩子至少要準備差不多 332 萬元。

　　假設只用較低的數字－平均每人每月可支配所得中位數的 23,686 元，以及平均每人每月消費支出為 2,203.2 元來看，在計算不同平均餘命下，需要準備的退休金數字也會不同（詳見圖 2）。

圖 2、不同需求之下要準備的退休金金額

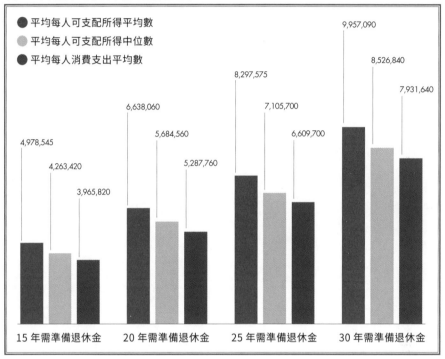

- ● 平均每人可支配所得平均數
- ● 平均每人可支配所得中位數
- ● 平均每人消費支出平均數

9,957,090

8,526,840

8,297,575

7,931,640

7,105,700

6,638,060

6,609,700

5,684,560

4,978,545

5,287,760

4,263,420

3,965,820

15 年需準備退休金　　20 年需準備退休金　　25 年需準備退休金　　30 年需準備退休金

資料來源：行政院主計總處「106 年家庭收支調查報告」p.7

女性餘命高過男性，算盤更得精著打

當然，退休後選擇到各縣市生活的消費水準也不太一樣，這些都必須納入考量。且由於女性的平均餘命高於男性（根據內政部統計顯示，2017年男性平均餘命是77.3歲，女性是83.7歲，等於女性比男性長壽6.4歲），所要準備的總退休金額，當然得更高才行（詳見圖3）。

事實上，由於退休之後許多花費會減少（例如交通與治裝費用），因此在估算「退休後每月花費」時，或許也可以參考衛福部「中華民國106年老人狀況調查報告」資料。

該項調查結果顯示，65歲以上者平均每月可使用生活費，最多是落在6,000～12,000元間；其次則低於6,000元；再來是介於12,000～18,000元。

且在被問到「生活費夠不夠用」時，除了「很難說或拒答」之外，有超過6成（62.64％）的65歲以上老人覺得「大致夠用」，「有點不夠用」的只佔不到兩成（19.40％）；甚至，還有6.9％的受訪者覺得「相當充裕且有餘」。因此，這份資料多少也可以當做想要準備退休金的民眾參考。

其次也可以參考行政院主計處「106年家庭收支調查報告」中的資料，前三項佔家庭消費支出比重最高的，分別是「住宅服務、水電瓦斯及燃料（23.90％）」、「食品、飲料及菸草（15.60％）」及「醫療保健（15.25％）」（詳見圖4）。

而如果從近 20 年家庭各消費支出佔比來看（詳見圖 5），佔比持續增加的項目，主要是在「醫療保健」及「餐廳及旅館」的消費支出上。

圖 3、各縣市平均每人消費支出

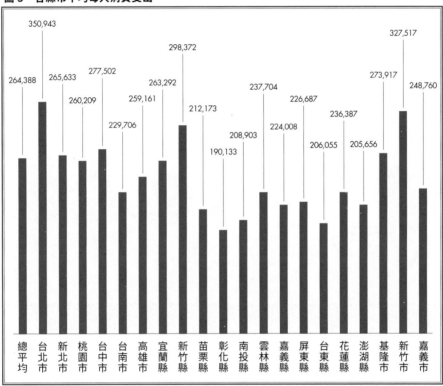

資料來源：行政院主計總處「106 年家庭收支調查報告」p.57 ～ p.66
說明：平均每人消費支出＝平均每戶家庭消費支出／平均每戶人數

圖 4、家庭消費支出型態

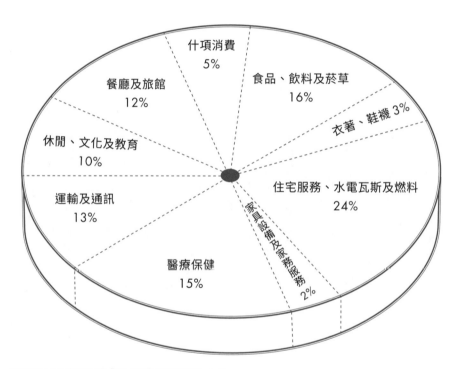

什項消費
5%

餐廳及旅館
12%

食品、飲料及菸草
16%

衣著、鞋襪 3%

休閒、文化及教育
10%

住宅服務、水電瓦斯及燃料
24%

運輸及通訊
13%

醫療保健
15%

家具設備及家務服務
2%

資料來源：行政院主計總處「106 年家庭收支調查報告」p.11

圖 5、近 20 年家庭各項消費支出佔比變化

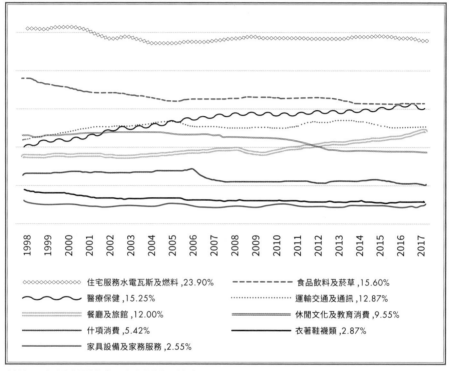

資料來源：行政院主計總處「106 年家庭收支調查報告」p.18、p.34

當然，以上是比較概略且簡單的算法，且每個人的消費支出存在不少差異，但整體來說，現在因為工作所產生的開銷，像是交通費、餐費、應酬費用等，在未來都會減少。在此同時，也會有增加的項目，特別是隨著年齡增長會大幅增加的醫療費用，以及為了打發時間而從事的興趣嗜好等開銷。

　　也就是說，儘管同樣是生活，但退休後的各項生活費比重，是可能有所變動的。例如以《超獨居時代的潛商機》一書中，所引用的日本三菱綜合研究所的調查報告顯示。

　　日本 60 歲以上的女性銀髮族，成長最多（比 2002 ～ 2006 年成長 2 倍以上）的是「理容、美容電器用品」、「購車」與「網路費」。另外，由於獨居的比例增加，60 歲以上的日本女性銀髮族，比男性更喜歡養寵物（養狗與養貓各有 10.6% 與 10.2% 的比例）。

　　儘管相關的研究顯示，因為經濟不景氣、所得沒有增加，日本 60 歲以上銀髮族外食佔所有飲食費用的比重，是各年齡層最低的，甚至也減少外食的機會，而改買「食材（包括調理包與冷凍食品）」在家烹煮。但三菱綜合研究所的整體統計顯示，日本銀髮族對外食與便利商店的依賴度，女性也有 44%，且越年輕者，對於外食與便利商店的依賴程度也越高，特別是獨居者。

　　另一項值得進行退休金估算讀者參考的是，根據《一個人的老後》作者上野千鶴子對高齡者家計簿的觀察，會發現在現金支出部分，以「支付親戚的婚喪喜慶費用」為大宗。另一位《老後生活心事典》的作者佐藤真一則發現，在高齡者的家計調查研究中，幾乎

所有支出項目的金額都是減少的，只有「交際費」這一項花費，呈現逆勢增加的情形。其中佔比最大的開銷，就是對孫子的開支。因此整體來說，每月固定花費，除了生活費與因興趣嗜好而增加的費用外，如果沒有再多買足夠的醫療險或長照險，則要把相關的費用，也計算在內。下表是提供大齡熟女們參考的，退休後費用估算的思考方向（詳見表 1）。

言而總之，每個人的生活得靠自己來過，所以也不需要強求跟別人一樣；也正因為人生是這麼地無可取代及獨一無二，自然也不適合將他人的框架，套在自己頭上。

表 1、退休後費用估算的思考方向

	固定費用	不固定費用	準備參考年數
生活	每月食衣住行相關的費用，且包括住房管理費、相關房屋稅、水電瓦斯、電話、第四台與網路的費用。	不定期小型或年度旅遊的交通費用、住家裝潢或無障礙空間設施裝潢的費用。	（平均餘命－退休年齡）x 每年平均生活費
醫療	定期看診的掛號費、未來可能需要長期照顧的固定費用，例如聘請看護或住進長照機構的月費、尿布等固定耗材費用，或是定期服用的保健品費用。	健保不給付的自費醫療項目，以及特殊醫材自費差額項目，不是靠買健康險來支應，就是自己預存；甚至是需要長期看護的額外特殊費用。	平均 7.8 年[1]
其他	因興趣或嗜好而學習的報名費，或是交際費。	因興趣或嗜好而產生的額外消費（例如上品酒班後購買酒類）、年度旅遊的費用等。	依個人狀況估算

1 · 根據衛福部「106 年老人狀況調查主要家庭照顧者調查報告」，主要家庭照顧者平均照顧年數為 7.8 年。

想退休？
先盤點現有資產後
再說吧！

在確實精算過「自己需要多少退休金」之後，接下來最重要的步驟，就是盤點出現有的資產，前、後相減之後，才能算出在 50 歲這個「退休衝刺期」中，「還需要準備多少退休金」？

而在盤點資產時，個人建議除了現有的各項資產，包括各種投資、不動產、現金等之外，最好也順便把隱藏的資產，也就是現有社會保險及職業年金的金額，全都列入其中計算。

當然，根據國家政策研究基金會研究員林昭禎的說法，以目前的推估情況看來，民國 50 年次（也就是現在 58 歲）以後出生的人，幾乎可以斷言是「領不到勞保年金」了。

簡單來説，在「**現有市場利率（投資報酬率）不高**」、「**開始領退休金的人越來越多，但能夠繳交保費的年輕人越來越少**」，以及「**單靠政府稅收彌補都很難**」之下，勞保基金想要「**不倒**」，難度恐怕是非常高的。

　　然而，必須再三提醒有參加勞工保險讀者的是：由於我國勞工的退休金制度，一共有兩塊。最底層的一塊，是強制性的社會保險，也就是前幾篇中提到的「勞工保險」；至於第二層的職業年金，則是一般上班族常聽到的「勞工退休金（包括新、舊制）這個部份（詳見圖1）。

　　根據個人實際接觸的經驗顯示，至今仍有許多上班族，仍舊分不清楚勞保老年給付（勞保老年年金）與勞工退休金的差異（詳見表1）。所以在此要特別提醒讀者的是：也許 50 年次之後的勞工，領不到第一層的「勞保老年年金」，但只要沒有在職業工會納保，也還會有第二層的「勞工退休金（新制是由僱主強制提撥 6％）」。

圖 1、勞工的三層退休金保障

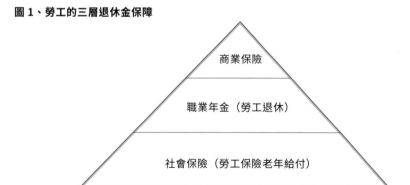

表 1、勞保老年給付與勞工退休金的差異

項目	勞保老年給付	勞工退休金	
		舊制	新制
法源依據	勞工保險條例	勞動基準法	勞工退休金條例
適用對象	符合勞工保險條例規定者	適用勞基法勞工	適用勞基法勞工（含本國籍、外籍配偶、陸港澳地區配偶）。
案理單位	勞保局	1. 各地方政府勞政主管機關 2. 台銀信託部	勞保局
請領條件及方式	符合勞保條例請領老年給付條件時，向勞保局請領。	在服務單位退休，並符合請領退休金條件時，由雇主給與退休金。	年滿 60 歲時，向勞保局請領個人專戶累積金額。
案理單位	一次或年金給付	一次性給付	一次或年金給付

資料來源：勞工保險局

只不過重點是：勞保老年給付是強制性的社會保險，只要是符合一定條件的勞工，就一定得納入勞工保險的保障；至於勞工退休金，由於並不是強制性投保，所以對於掛在職業工會投保、無固定雇主的勞工而言，就沒有勞工退休金新制「雇主強制提撥每月工資 ≧ 6%」。而唯一的「小確幸」是：勞工可以「自願提撥每月工資 ≦ 6%」（詳見表 2）。

表 2、勞工退休金自願提繳的對象

對象別	提撥規定	個人自願提繳率
不適用勞基法的勞工，或是受委任的工作者。	有雇主為其提繳，或只個人自願提繳，或兩者同時提繳。	≦ 6%
實際從事勞動的雇主	只能個人自願提繳，事業單位不得為其提繳。	
自營作業者	可以自願提繳	

資料來源：勞工保險局

勞工自願提繳的退休金，只要金額是在每月工資 6% 的範圍內，都可以自當年度個人綜合所得總額中「全數扣除」。也就是說，薪資所得越高的上班族，假設有自願提繳退休金，節稅的效果就會越高。

儘管在職業工會投保的上班族，仍然可以「自願提繳」，但根據勞保局主管官員的說法：如果所得項目是「薪資所得（代號為 50）」，才有以上的節稅效果（可以自當年度個人綜合所得總額中全數扣除）；假設所得項目是「執行業務所得（代號為 9A、9B）」，就無法享有以上節稅的優惠（詳見表 3）。

表 3、掛在職業工會的勞工，有關勞退新制的規定

項目	解說
雇主強迫提繳	無，因無一定雇主
個人自願提繳率	≦ 6%
提繳方式	上勞保相關網頁 （http://www.bli.gov.tw/sub.aspx?a=FilnEqHAU%2FQ%3D） 下載表格，填寫完後寄回。
可否節稅	如果給付項目是「薪資所得」，才能夠節稅；假設是「執行業務所得」，則無法節稅。

資料來源：勞工保險局

　　所以總的來說，**對於目前離退休年齡還遠的每一位勞工朋友，都該認清這個事實：現有「繳少、領多」遊戲規則下的勞保基金，根本很難不倒，只是時間快慢的問題。**

　　接下來，每位勞工最該要思考的問題是：**假設勞保基金真的倒了、自己準備的退休金鐵定不夠，我有沒有其他備用方案？也就是「我有沒有額外自行準備退休金」？**

　　假設勞工朋友們的答案是「沒有」，那麼，接下來最重要的事是：我能不能在有限的時間裡，儘量多存一些退休老本？只不過，儘管每一個人都知道，要多存一些退休基金，但在物價高漲、薪資停滯不前下，民眾真正能夠剩下來儲蓄、投資，以充做退休基金的「本金」並不夠多。

　　特別是**當妳（妳）撥撥算盤，發現退休金很可能會「不夠用」的時候，橫在妳（妳）眼前的只有兩條路。其中一條路是「開源」。**例如延退、繼續工作、創業，或是將大房換成小房、申辦以房養老等。

說到底，就是把一切可以變換成現金的資產，通通拿來「努力壓榨到光」為止。

至於另一條路，則是「節流」。包括了控制大筆款項支出，並且努力降低生活花費，實行簡單而不節儉的生活哲學。以上這些問題的解答及建議做法，我將會在之後的不同篇中，再詳細闡述。

勞保年限未到，可以提早領「減額年金」嗎？

打從年金改革的議題出現之後，由於許多人擔心未來可能領不到年金，或是擔心年金改革後，所領的年金又將被「打折領取」，所以，市場上就流傳一種建議做法就是「假設年齡已達一定年齡（例如55歲）」，且已經沒有在工作了，可以趕快開始領「減額年金」，讓所領的錢先「落袋為安」。

所謂「減額年金」的意思是：按照目前勞保老年年金的請領規定，今（2016）年必須是年齡屆滿60歲的勞工（詳見表4），且年資超過15年以上，才有領取「老年年金」的資格，且隨著距離法定請領年齡的不同，減額比率也有差異（詳見表5）。

一般來說，民國98年1月1日勞保年金開辦之前有勞保年資的勞工，不需要有「投保年資合計滿15年」的限制，可以在「一次請領」與「年金」間進行「二擇一」選擇；但之後才有年資的勞工（假設是22歲進入職場，差不多是7年5班以後的人），年資必須超過15年，才有領取年金的權利（詳見圖1）。

表 4、減額年金的年齡資格限制

民國（年）	法定請領年齡
98-106	60 歲
107	61 歲
108	
109	62 歲
110	
111	63 歲
112	
113	64 歲
114	
115（含）以後	65 歲

表 5、不同提早年數的減額比率

提早年數	減額比率
1 年	4%
2 年	8%
3 年	12%
4 年	16%
5 年	20%

圖 1、勞保新舊制的比較

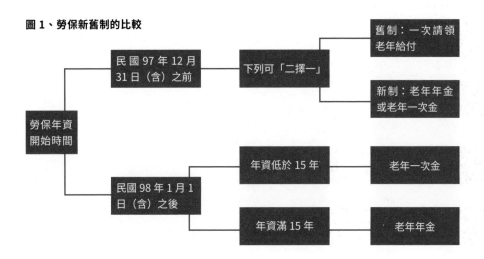

看了上圖的請領規定，也許讀者會看得「霧煞煞」，因為，「一次請領老年給付」跟「老年一次金」，不都是代表「請領一整筆金額」嗎？為什麼要用不同的名詞？事實上，兩者在年資的要求、領取年齡及給付標準上都不同（詳見表6）。

表6、「一次請領老年給付」與「老年一次金」的差異

	一次請領老年給付	老年一次金
年資要求	必須在民國 97 年底以前有保險年資	未滿 15 年
領取年齡	1. 年資合計滿 1 年，男性年滿 60 歲，或女性年滿 55 歲退職。 2. 年資合計滿 15 年，年滿 55 歲退職。 3. 在同一投保單位參加保險年資合計滿 25 年退職。 4. 年資合計滿 25 年，年滿 50 歲退職。[2] 5. 擔任具危險工作、堅強體力等特殊性質的工作合計滿 25 年，年滿 55 歲退職。	60 歲 [1]
給付標準	年資合計每滿 1 年，按退保當月起「前 3 年」之平均月投保薪資發給 1 個月；超過 15 年部分，每滿 1 年發給 2 個月，但最高以 45 個月為限（超過 60 歲的年資，最多以 5 年計，但合併 60 歲以前的老年給付，最高以 50 個月為限）。	年資合計每滿 1 年，按加保期間「最高 60 個月」平均月投保薪資發給 1 個月。

1. 不必在同一投保單位／ 2. 請領年齡白民國 107 年起，將逐步調高到 65 歲。

回到本文的主題—假設還沒有到可以請領老年年金的年齡，但卻已經沒有工作（包括「被離職」），且年資已經超過 15 年，那麼，要不要提早開始領「減額年金」，其實可以根據以下幾項的考量。

首先是從「缺不缺錢」的角度來衡量。如果讀者是屬於這樣的對象，老實說，答案已經是不言可喻了。根據總統府年金改革委員

會的資料顯示，退休勞工所領金額（勞保老年年金）平均就只有 16,179 元。

而依照勞動部「20160824 勞工保險及退休金制度概況」的統計，約有 6 成的退休勞工，平均勞保老年年金金額為 1 ～ 2 萬元，假設在加上平均月領 1 萬元以下的人數，約有 75% 的退休勞工，月領年金不滿 2 萬元（詳見圖 2）。

圖 2、勞保老年年金給付金額分佈

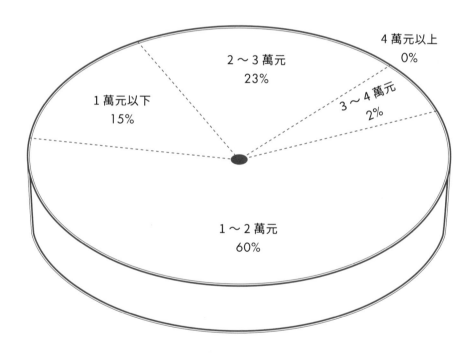

資料來源：勞動部「20160824
勞工保險及退休金制度概況」

而在約四分之三的退休勞工，月領年金都不滿 2 萬元之下，儘管金額不高，但對於沒有其他退休金、急需一筆錢來生活或支應各項開銷的勞工，「提早領取減額年金」，恐怕也是「不得不」的唯一選項。

　　其次是以「預估個人餘命」的角度來衡量。隨便假設勞保老年年金可月領 2 萬元為例，在「提前 5 年領取，將打 8 折領取」的前提下，只要當事人的平均餘命未滿 79 歲（根據內政部所公佈的「104年簡易生命表」，國人的平均壽命為 80.2 歲。其中，男性平均壽命77.01 歲，女性則為 83.62 歲），提早開始領取減額年金，總領金額還是會高於從 60 歲開始領取的人。

　　也就是說，假設當事人身體健康狀況差，預計個人餘命可能低於全體國人平均餘命的 80 歲的話，提早開始領取減額年金，長期下來的總領金額，會比「剛好在法定請領年齡開始請領年金」的人要多。

　　但是，假設是延後領取展延年金的話，情況就完全不同了。從（圖 3）可以看出，除非是個人餘命超過 90 歲，否則，總領取老年年金的金額，都比領減額年金，或是剛好在法定請領年金年齡時開始領的總額要來得低。

　　最後，是以「對勞保制度有無信心」的角度來衡量。老實說，個人所接觸過的許多詢問的案例，都是屬於此一擔心與考量。但問題是：沒有人能夠預測：未來勞保年金，是否會破產？或是當政府的預算，都無法彌補勞保基金的虧損時，未來的勞保老年年金給付

標準，是否也會跟著越來越低？

　　當然，如果符合條件的勞工們，預期未來年金給付標準會進一步下調，也不認為個人餘命會很長的話，「提早開始領取老年年金」的選項，將會是較為「有利」的。

　　不過，我個人還是要在此提醒一下，想要早領以便能夠多領，但不見得馬上急需這筆退休金的勞工朋友們：這筆提早領的每一期老年年金，一定要進行妥善打理，做好完善的投資理財規劃，也才能讓這筆錢能夠生生不息、源源不絕。

圖 3、假設活不過平均餘命，減額領取金額較多，但延領年金划不來

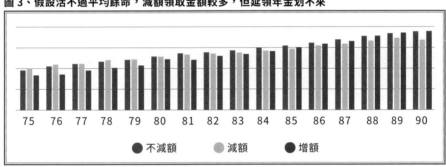

資料來源：行政院主計總處「106 年家庭收支調查報告」p.7

清償或拋棄繼承？
與子女們把話說清楚

　　這裡所謂的「處理債務」其實有兩層意義，一是「自己的債務問題」，例如還沒有繳完的房貸；另一個是「如果自己有龐大債務」，則要提醒子女做好「拋棄繼承」的問題。

　　首先是「**處理家庭債務**」的問題。根據過去的經驗，到了五十多歲，還有家庭負債的項目，主要是「房貸」，其次是信用卡的循環利息。當然，有些家庭的房貸產生，是為了「購買第二棟房子（多半是為了子女）」、「進行投資」，以及「籌措子女教育金（特別是出國留學）」。這是因為，時下的各銀行的濫頭寸特多，再加上市場利率又處於非常低的低檔，每一家銀行都努力希望民眾「多借錢、少存錢」。

　　但事實上，不論是幫子女準備出國留學的費用，或是替他們準備房子，個人都認為「萬萬不可」，除了「子女的人生該自己負責，父

母將他們養到大學畢業，就算是已善盡責任」的理由外，太過於把子女照顧得無微不致，恐怕也會讓他們賴在家裡，成為永遠脫離不了原生家庭的「宅男、宅女啃老族」。更何況我個人深深認為，父母們唯有先把自己的退休問題解決、不留債給子女，或是日後讓他們為父母而傷腦筋，恐怕也才是「身為父母應有的自覺」吧。

至於「借錢進行投資」，我也奉勸大家「切不可為之」。例如之前就有不肖業務員慫恿民眾向銀行或保險公司借錢，來投資「連結月配息基金的類全委保單」。然而，凡是投資就沒有「穩賺不賠」的道理，為了賺比市場高不了多少的收益，卻得擔負不低的風險（包括繳不出房貸，房子被銀行查封、拍賣），這絕對是划不來的。

如果有心在即將退休、夫妻兩人薪水收入的現金流恐怕「斷炊」之前，把之前的家庭債務「做一了斷」，相關的債務就要做好「儘快還清」的準備，並且擬定還款計畫。

至於還款策略，個人滿推薦號稱「利用 2％ 法則理債」，並且在 3 年內全數還清所有負債，期間還能照常在外用餐、看電影的 Alex Michail 及 Cassie Michail 夫妻倆，在他們合寫的《2％ 法則，3 年還完 300 萬元》一書中便推薦最快速的還債策略是：先列出所有債務，詳列所有債務、每月還款金額、利率、本金等，償還的先後順序是「利率高到低、金額由小到大」。

假設家中只剩一棟自住房的房貸還沒有還完，個人還是不忘建議：為了避免家庭主要薪水來源者因為突發意外，而導致整家人都要「流離失所」，最好以「房貸餘額」及「剩下房貸年期」，做為「投保金額」

及「年期」，來投保「減額型定期壽險」。舉例來說，假設房貸餘額還盛 200 萬元、5 年後要還清，就買一張 5 年期、保額 200 萬元的「減額型定期壽險」。

簡單來說，由於年齡已經超過 50 歲，且離法定退休年齡—65 歲，也不過 10 年左右的時間。所以，除非必要且是屬於以上「100％可產生正報酬率」的負債，否則，都一定要想辦法儘快處理掉。

避免債留子孫，說實話才是上策

其次，則是**當家庭債務龐大，就要及早提醒子女在自己身後，採取「拋棄繼承」的法律行動**。如果負債不儘快處理掉，且又讓債務繼續擴大，甚至有可能累及子女都有可能。而為了避免「債留子孫」，負責任的父母除了盡快還清債務之外，也還要做好準備，萬一自己無法在生前償還債務，一定要提醒他們採取「拋棄繼承」的法律動作才是。

根據《民法》第 1174 條的規定，繼承人可以在「知悉」得繼承之時起「3 個月」內，以「書面」向法院辦理，並且在拋棄繼承後，同樣以「書面」，通知「因其拋棄而應為繼承之人」。但不能通知者，不在此限。

最後值得一提的是：如果在清點家庭資產與負債之後，發現資產等於負債，或是負債多於資產，但仍想留點錢給子女，則唯一的方法，就是提早購買壽險，並以子女為指定受益人，且一定要在自

己身後3個月內，要求子女辦妥「拋棄繼承」的法律手續。在此同時，子女領取保險金的權利，並不受拋棄繼承所影響！

其實，拋棄繼承權只是繼承法上的特殊目的行為，並不當然影響保險契約上的權利義務關係。所以，被繼承人（例如父母）可以透過保險契約的方式，向保險公司請求給付保險金，讓自己不會因為拋棄繼承，而完全領不到任何「遺產」。

「退而不休」的人生，
大腦記得重新登錄

假設經過試算，發現退休金明顯不足，也就是經濟與財務上的安排，還不足夠的人，**除了要降低退休後的生活水準外，第一個方法當然就是「延退」，以減輕籌措退休金的壓力**。例如政大風險管理與保險系教授黃泓智，就曾經根據內政部第十次國民生命表進行估算：假設報酬率為每年複利 2%，退休後終身每月花費固定不變下，58 歲延至 65 歲退休，需要準備的退休金就可減少 18%。

黃泓智實際以退休後終身每月花 2 萬元為例，58 歲退休需準備 499.6 萬元，65 歲退休需準備 409.9 萬元，多工作 7 年可少掉 89.7 萬元的壓力；高所得者延長退休，創造的效益更大，以退休後終身每月花 5 萬元為例，多做 7 年，需準備的退休金，一舉少了 224.2 萬元。

假設再以同樣有 1,000 萬元的退休準備金來說，58 歲退休和 65

歲退休，也差異頗大。撇開多了 7 年的薪資收入不算，延後退休，終身每月可花金額，從 4,0028 元增至 48,787 元，一年等於多了 105,108 元。

另一個就是要積極考慮退休後的「再就業」。但以「再就業」為例，就得提早思考「找什麼工作」？「提早保持什麼樣的人脈關係，以便退休後能夠被聘用」？

事實上，退休後找一份工作，恐怕還不僅僅是「為了糊口」這麼簡單。因為根據探訪日本「32,000 人無緣死」衝擊，並編著成《無緣社會》一書的NHK特別採訪小組，曾經親眼目睹了許多現實的殘酷：這些無緣死的人，都在為生存而努力，一旦失去「工作」這個聯結，便自認在社會上，失去了容身之處，最後把自己逼上絕路。

至於退休後還要工作的理由之二，則是與身體健康有關。之前美國有份研究指出 63 歲退休的人早死率，比晚退休的人高出 20%；而多參與社會不斷動腦，則有助於長壽。

退休後還要工作的理由之三，則是退休後失敗的例子還不少。舉例來說，美國布魯金斯研究院（Brookings Institution）經濟研究學者 Gary Burtless 指出，從 90 年代起，就有越來越多的美國人「延後退休」。他認為其原因有二，一是領取社安金的年齡的延後；二是雇主取消或削減退休金福利。簡單來說，這群人不是不願意退休，而是「無法退休」。

如果退休後要工作，那麼，妳接下來就有以下三件事要做。首先，就是要**及早開始儲備工作技能**。特別是經濟與財務上的安排，還不足

夠的人，除了要降低退休後的生活水準外，另一個就是要積極考慮退休後的「再就業」。

但以「再就業」為例，就得提早思考「找什麼工作」？「提早保持什麼樣的人脈關係，以便退休後能夠被聘用」？或是，另外培養一個適合退休後生活型態，且自己又有興趣的專長，以便在退休後能夠產生收入。

其次，一定要在**退休前，就想好並找好「退休後的工作」**。這是因為根據勞動部調查失業勞工後發現，失業後，再重新找工作，會比原來月薪平均少 1608 元。且年齡愈高，不但再就業機會少，連薪資條件都無法跟原有工作相比。

就算退休後不工作，當志工也不賴

如果不工作，也要找到一個生活重心。這裡所謂的「生活重心」，除了找到一個能與配偶及志同道合朋友共享的「興趣」外，最最重要的，就是「與在地社區結合」的活動。

如果退休金準備已充足，並不想再工作。那麼，在退休後「每天24 小時都屬於自己」的前提下，總得要找些事情做做，不可能一天到晚地「旅遊」、天天關在家裡看電視，或是成天在外閒晃。特別是銀髮族最大的健康殺手，除了高齡所導致的體能退化之外，最可怕的就是離群獨居之後，越來越難以融入社會與人際關係。但有研究顯示，運動、常與人接處及動腦思考，是預防老年失智最有效的方法。

有工作的上班族，至少有公司可以安身立命。即使是常在外面奔波的業務人員，只要有需要，依然有個像家一樣的公司能隨時回去。但是一旦退休，那個地方就會消失不見。因此，大部分人退休後，首要之務就是找到一個「新的棲身之處」。

　　美國學者 Ray Oldenburg 在《最好的場所（The Great Good Place）》一書中，曾首創一個「第二場所」的名詞。他在書中表示，比起家庭（第一場所）或工作地點（第二場所），「第二場所」所具備的功能，對社會更重要。而退休後人士，就很需要一個能夠具備社會參與功能的場所。

　　至於《老後生活心事典》的作者佐藤真一就建議，退休後打算不再工作的人，一定要找到個「安適場所」，而所謂的「安適場所」是指「和某人在一起，進行某事的場所」。當還在職場上打拼工作時，職場就是一個安適場所，那是因為同事與上司、下屬都認同妳的存在意義，同時也是因為大家一同進行工作之故。

　　他更進一步表示，「社會活動的參與」其實也是一種「找到所在社區的安適場所」。他認為，所謂的「社區貢獻」就是間接互惠，只要一般信任（對於他人一般的信任）較高的話，就可以成為能夠安心居住的城鎮。所以，如果打定主意，退休後完全不工作，那麼，最好的「第三場所」恐怕就是從事志工的場所。撇開「助人也可人助」（老人家許多生活上的問題，也能夠有機會找到放心，且有體力的年輕人幫忙）不談，積極參與社會公益活動，既能讓自己的生活更有目標及規劃，也能夠透過與人群的互動，讓自己不致於變成脾氣古怪的人，

降低老年失智的風險。

此外也有研究認為，與人為善、常做好事，會讓人心中產生一種難以言喻的愉快感和自豪感，會刺激大腦分泌多巴胺，使前額葉驅動愉悅情緒，血清素濃度也會增加，使人專注於正向情緒中。

但是，以上不論是再就業，或是只當個志工，讓自己找到可以安身立命的「第三場所」，都不是臨到退休的前一天，或是正式退休之後，才要開始準備的。

如果大齡熟女還想在退休後進行「創業」，可以參考我在下一章「結合興趣與銀髮需求，創造事業第二春」所提供的方向，預先開始著手及準備；至於「退休後的再就業」，由於每一個人所處的行業別都不同，我這裡很難一一進行舉例及回覆。

但一般退休後的「再就業」，其實也就是兩種，一種是許多企業目前在做的「先退休後再回聘」，另一種則是「從事與之前職務完全不同的工作」。以我從事的新聞記者一行為例，現在許多媒體為了精簡人力，並降低人事成本，就會釋出一些「優退」方案，讓資深記者先行退休，再由媒體回聘。

儘管這樣的做法，有點遊走於勞動法規的灰色地帶，但個人想要表達的是：在未來人口老化、青壯工作者越來越少的趨勢下，「員工正式退休之後回聘」的方式，應該會越來越普遍。

當然，如果選擇是在原本的行業中「再就業」，當事人首先必須確認自己的工作能力，是否「極具競爭力」？如果自己的能力倍受業界肯定，就算「此處不留娘」，也「自有留娘處」，不用怕退休後「沒

人要」。

但如果確定或不想在退休後，繼續從事「老本行」，也可以有其他職業的選擇。只不過，為了確保退休後，一定能夠找到不同的工作並「順利就業」，我個人有兩大方向供讀者參考，其一，是考一些特殊且能有工作機會保證的證照。因為只要有一技在身，且該項工作有一定的特殊證照要求，又沒有工作年齡（主要與體力強弱有關）的限制，就比別人更容易「再就業」。

至於哪一些證照是「就業保證」，個人恐怕沒有辦法一一為讀者細數，只能靠讀者多花點心思詢問及查找！畢竟，退休後的第二春是自己的，總得靠自己慢慢摸索及累積能量。

其次，為了方便國內已退休高齡人口再度就業，勞動部特別成立了一個「銀髮資源網（https://swd.wda.gov.tw/cht/index.php?code＝list&ids＝78）」，裡面提供銀髮族「再就業」及「創業」的諮詢與協助。對於想要在退休後，持續工作的人，可以先上去逛逛，看看有哪些行業與工作性質在求才？並且思考一下自己可以接受，或能夠勝任哪些工作？

最後，假設大齡熟女打定主意在退休後，既不想創業，也不想就業，只願做個「只想付出，不求回報」的快樂志工，倒也可以在還未退休之前，就針對各種不同的志工活動進行深入了解。甚至，也不妨提早申請加入與體驗。

結合興趣與銀髮族需求，創造事業第二春

由於退休後，妳的存活時間可能長達 30 年，如果想要再創一番事業，也並非完全不可能。**特別是透過腦力與體力的貢獻，一方面可以打發時間，二方面也讓自己生活得更有意義**。更重要的是：幫助人，不但自己快樂，也同樣有心理治療與長壽的作用。

其實，就算自己覺得「沒有那麼傑出」，但幾十年的生活與工作打滾之下，也還是有一定的經驗，可以分享給他人。最最不濟，也還可以奉獻自己的勞動力。例如日本老年行為科學研究博士，著有《老後生活心事典》一書的作者佐藤真一就曾表示，人的智力可以分為「會隨著年紀增加而逐漸衰退」的「流體智力（Fluid Intelligence）」，以及「不會因為年紀增長而衰退」的「晶體智力（Crystallized Intelligence）」兩種。

其中的前者，主要是計算速度與圖形等的「資訊處理能力」；至於後者，則是與理解力、洞察力、內省力等，基於經驗才能獲得，同時更需要多方思考之後，才能夠提升的智力。所以，就算是退休後，老年人也一樣可以將自己的人生經驗與智慧結晶，分享給其他需要的人。只不過，如果有這樣的夢想，也必須在 50 歲就開始準備，至少，要開始學習相關技能或知識，甚至，還可以在這段不算短的時間裡，預先考一些相關的證照。

為什麼要從 50 歲起，就要開始培養對感興趣事務的相關知識與實力？因為按照《50 歲開始，優雅過好日子》一書作者保坂隆的說法是：一旦上了年紀之後，任何人的記憶力或意願，都有可能衰退，想要跨出未知的領域，將會變得越來越困難。更何況，有統計指出，國人創業開店的失敗率並不低。之前某人力銀行業者就曾分析發現，最多人陣亡的三大創業行業就是餐飲（包括雞排、手搖飲料店、咖啡店等）共佔 24.8％、餐館（包括餐廳、熱炒等）佔 15.5％、服飾業佔 13.9％，至於創業最短命的行業是開餐廳、賣雞排、飲料店、早餐店等，創業存活天數不到 30 天。

此外，男性創業偏好餐飲，女性偏向服飾，但創業存活率性別差異不大，女性創業只比男性多撐 70 天。104 人力銀行說，這 1.2 萬人之中創業存活最長 41 年，是經營水電材料行；最短只有 18 天，是加盟義大利麵店。

因此，台灣大學國家發展研究所副教授辛炳隆就曾提出建議：要創業應朝「專業技能」創業才有可能持久，如果只是靠勞力、資金，

買個餐車就創業，對未來發展並非好事。

設身處地替人著想，成功打入熟齡市場

那麼，有哪些方向，值得準備在退休後創業的民眾參考呢？綜合一些專家的說法，退休後創業的最主要原則，應該就是能夠結合自己的興趣，又具有一定市場需求的領域為主。舉例來說，如果自己本來就喜歡四處旅遊，也許可以考個領隊或導遊證照，以便未來退休後，既可以有一定的收入，又能享受旅遊的興趣。

如果事業第二春的項目，無法同時符合「嗜好」與「市場需求」，但至少要能符合後者，也就是市場上需求多，但能提供此一服務的人很少。如此一來，才能夠「學以致用」，可以持續工作許久不用轉行。

退休後想要工作，除了找正職或兼差外，也可以考慮「創業」。然而，妳會覺得高齡創業很難嗎？事實上，關於退休後的創業方向，個人最推薦的是「銀髮事業」，理由如下：

首先，**銀髮族人口多、產值高，可以分到一杯羹的機率高**。例如《銀光經濟》作者 Joseph F. Coughlin 就特別提及過去許多推出「失敗的老人產品」的企業，通常只把年輕人，當做預設使用者或是只對年輕人行銷商品，就是不認為銀髮族商機很重要。

Joseph F. Coughlin 在書中引述《時代》雜誌之前的報導指出：「到了 1960 年，美國 60 歲以上的人口將達 2,300 萬人，嬰兒只吃嬰兒食品兩年左右，老人至少會吃老人食品 15 年以上」。

其次，**本身是銀髮族，才會更了解銀髮族的真正需求與心情**。像是《銀光經濟》的作者 Joseph F. Coughlin 就指出，許多廠商之所以推出老人商品失敗，主要就是在於：許多瞄準熟齡族的商品，之所以未能考慮到老年生活細節，主要的原因就在於：設計和生產，都掌控在年輕一輩手中。

其中，最明顯的例子就是「消費科技產業」，但它們絕不是特例，各行各業目前都是如此，自然很難順利打入熟齡族市場，並搶佔其龐大商機。所以，Joseph F. Coughlin 認為創業者真正要做的，就是了解年長消費者真正想要的東西。作者在書中，就有舉幾個在美國，由年長者（特別是心思細膩的年長女性消費者）所構思的成功銀髮企業，頗值得參考！

志同道合的好友，創業最佳夥伴

之前看過一本不錯的日文翻譯書《至少月入 3 萬元（此指「日圓 3 萬元」，約等於「每月 1 萬元新台幣」）的小眾經濟》。我覺得書中作者的一些經驗談，也滿適合有心在退休後「再度創業」的人，可以在還沒有退休之前，就先做好準備、打好基礎。簡單來說，該書作者認為「至少月入 3 萬元的生意」很適合仍在上班的大齡熟女，做為「複業」而非「副業」。因為它有以下不少優點：首先，雖然賺的不多，但因為生意規模小，一般以主業為生的人，便不會來搶這樣的市場，競爭者自然較少。

其次，如果一般人搭配得宜，不但可以同時發展好幾個「複業」，還能夠與一些志同道合的同伴合作，發展出能共同分享的退休後事業第二春；再者，這種「月入3萬元的生意」只要求「做好事（讓人幸福）」，所以，人人都可以根據自己有別於他人的優勢，找到一個能發展成生意的工作。

最後，這種「月入3萬元的生意」強調「不借錢」、「不透過批發銷售」、「不需要營業費用」、「不花錢製造商品（只在客戶下單才生產）」，所以，會少掉庫存問題及經營上的壓力。

在該書中，舉了幾個符合以上「至少月入3萬元生意」的成功案例，例如「一天賣20顆自己採用放牧法飼養雞隻所生出來的蛋」、「到府提供整套建造石窯材料、專業知識的愉快體驗」、「開辦有機市集」、「提供共享的，具時尚感的孕婦裝」、「銷售及裝設使用雨水做為廁所用水的裝置」、「供應燃木暖爐木柴」、「自己種無農藥綠茶」、「配送農家多餘蔬菜」、「為不同族群配送有機手做便當」、「安排（環保屋）巡禮（導覽）」、「替購物不便的人提供代購（跑腿）服務」、「製作及銷售與『酵母』有關的食物」等。也許值得有興趣的讀者參考，並想出能配合自身優勢、沒有第二人可以複製的新生意。

另一本《3,000元開始的自主人生》一書，也從50位小資創業老闆的實戰成功術中，歸納整理出值得一般想樣創業大眾參考及思考的方向。該書認為，這些小資創業老闆之所以成功，就是他們提供了「有用的東西與世界分享」的「價值」。

簡單來說，唯有提供價值給別人，才能獲得工作自由。如果此一

價值，能與個人的嗜好或特殊技能為後盾，創業的成功自然可期。且越知道如何以「知識」與「技能」幫助他人時，創業的成功率就越高。作者也提出，創業的步驟，就是「先列出想做的事項」，接著，再思考「如何執行」，甚至，也可以「邊做邊學」、「邊做邊修正」自己的 business model。而該書在第一章中，就列出作者精煉出的**魔法方程式是「嗜好或專長＋實用性（他人感興趣，並願意為此付費）＝成功」**。

簡單來說，不管是哪一本教妳創業的書，或是環顧所有創業成功人士的故事，妳都可以發現一個不變的真理──把興趣變收入，事業或生意才能長長久久。當然，創業也並不是那麼容易，除了資金與技術外，「人」也是一大挑戰。所以有心創業的妳，也可以結合一些志同道合的朋友，一起進行退休後第二春的創業。例如在日本，高齡人才派遣公司，就是明顯的例子之一，頗值得有興趣在退休後「創業」者參考。

經濟大權別旁落，
以「房」養老能撐多少？

根據金管會統計，2015 年底至今年 3 月底，各家銀行辦理以房養老逆向抵押貸款，核貸件數累計 3362 件、年增 38.6%，核貸金額新台幣 184.34 億元、年增 41.2%。且值得注意的是，女性申貸戶占比 54.34%，明顯多於男性占比 45.66%，且較先前 2 月統計結果比重有些微上升趨勢，但確切原因尚待進一步調查。

所以在這篇裡，我想花點篇幅先來談談與「遺產」有關的「以房養老」，以及房子要不要留給子女的問題。根據媒體的報導，「以房養老」業務推出至今，之所以「市場接受度不高」，最主要的原因就在於：有房屋主子女們的反對。

當然，在目前房價高漲、年輕人處於低薪、薪資漲幅永遠跟不上物價與房價的年代，如果能順利從父母手中「繼承」而來一棟房

子，真的是可以「少奮鬥個十幾年」。所以，關於「要不要將房子留給子女，而不是申辦『以房養老』業務」的答案，個人的看法是：假設妳有好幾棟房子，足夠分給不同的子女；或是退休金存得足，完全不用因為擔心退休金不夠用，而需要透過「以房養老」而增加生活費，那麼，「將房子留給子女，讓他們『可以少奮鬥個幾十年』」的想法或做法，並非是件壞事。

但是，假設妳現在所有的資產，並不足以應付退休後的生活（生活費不足），也不確定是否能夠在退休後，找到一個穩定收入的工作，那麼，把這棟房子透過「以房養老」的方式，儘可能擠一些錢出來，當做自己的生活費，完全不是什麼可恥或自私的想法。

再講一句不客氣的話：子女們的人生必須由他們自行負責。妳已經負責任地把孩子養大，說到底，妳的父母責任已盡，根本不再欠子女什麼了。更何況，妳名下的房子也是靠自己，過去幾十年的辛苦打拼而得來。既然如此，那棟房子就是妳這輩子的辛苦回報，沒什麼「不好意思花用在自己身上」的！不管是房子或退休金，都是自己一輩子努力打拼而來，且子女大了本該自立，自己對子女的責任早已了盡，沒有必要還去考慮子女的感受！一定要記住：請妳下半輩子千萬要為自己而活！

儘管根據行政院主計總處「106 年家庭收支調查報告」顯示，國人的家庭住宅自有率高達 84.83％。但是，擁有一棟自住房及少量的存款，恐怕也很難讓自己避免「老後破產」的困境。

例如日本由 NHK 電視台特別採訪小組所寫的《老後破產》一書

中就特別提到：除非老人放棄房子與存款，否則就不能免費享有政府的各項照護資源。這是因為日本政府是以「居家」的概念，提供老人們醫療服務。但特別是獨居老人，就算使用居家照護及醫療服務，也沒有人可以「就近照故」。且老年人越是錢少，就越是省錢、不去看病，很容易延誤就醫。而越是陷入老後破產的危機，老人們越是不與社會連結，更會落入「出事了完全沒有人發現」的惡性循環。

其實，要想避免出現以上日本「老後破產」的情形，手邊只有一棟房產，卻沒有多少現金的人，可以採取以下兩種方式。首先，**只要透過「換屋」的方式，手中就可以多出一筆退休金！**例如將大房子換小房子、由市中心搬到市中心邊緣，就可以透過不同房價的價差，讓手中多出一筆可用的退休金（當然，所換的新房子，也一定要考慮就醫及生活便利性才行）。

退休「換屋」時的考量關鍵

如果決定將大房子換小，關於「換屋」的標準，個人極力建議「一定要住城市」，就算換不到蛋黃區，也一定得是符合以下三條件的蛋白區。

首先，就是「**交通方便**」。理由很簡單，因為一來，年紀大了，已不宜開車。

其次，則要考量「**就醫方便**」。這裡主要是考慮隨著年齡的增加，就算健康體態保持得不錯，總是會有點小病小痛而需要看醫生的

時候。如果看病還要長途跋涉，只怕小恙也會被積出大病出來。

當然，所謂的「方便就醫」也同時包括「上下樓方便」與「距離自己常就醫醫院位置近」。例如在「備妥個人就醫資訊，生老病死自己決定」篇中就有提到，腦中風有所謂「黃金 3 小時」的搶救時間。甚至，還有專科醫師認為應該改為「黃金 90 分鐘」、「30 分鐘或更短的時間」。

也許很多讀者會說：3 小時很長，病患從台中送到台北來，3 小時的時間也絕對夠。但不要忘了，假設當事人倒下時，有家人及朋友在旁，還可以立即叫救護車。假設現場沒有其他人，這「黃金 3 小時」就必須扣除從當事人倒下，一直到旁人發現的時間。

第三是「**外食條件**」。雖然自己煮會比較乾淨、衛生且能兼顧「低油、低鹽、低糖與高纖」的膳食健康原則，但外食或採買的方便性，不只是考慮完全無體力做飯的銀髮族而已。因為就算是有能力自己做飯，也還是會因為小病小痛、心情不好等原因，而增加許多外食的機會。這個時候，如果當事人還要翻山越嶺才能買到吃的，或是最後選擇草草且不營養地解決一餐，恐怕並不符合「退休後，一切都要以健康為最高追求目標」的原則。

事實上，住在哪裡都好，就有兩個地方不能住。首先就是海外，特別是貪圖生活費便宜，但語言不通、就醫會有問題的海外地區；其次，則是住在郊區或鄉下。畢竟在人口減少、各項人力，以及稅收少、政府預算不足、難以建設與更新之下，不但郊區水電費會很貴，且可能連相關救災的資源及人力都少！也就是說，未來如果住在郊區，不

但日常生活水準不可能降低，甚至連就醫、防災都很困難。

申辦「以房養老」貸款的訣竅

至於第二個方法，則是**申請「以房養老」貸款，把錢「借」出來自己用，不留房產給後代**。目前承做「以房養老」的管道共有兩種，其一是內政部所辦的；其二，則是由各個商業銀行所辦理的「以房養老」業務。但後者遠比前者業務量大。

儘管每一家銀行的規定不同，但一般「貸款額度」是以「房子的鑑定價值」而定，且最高以 7 折為限（也就是只能貸到房屋鑑價的七成）。至於每月可以貸到的生活費，則是與以上的「貸款額度」，以及「貸款年數」所決定。其基本公式是「每月生活費 = 貸款額度／（貸款年數 *12）」。以下實際個例子，讀者可能比較容易了解。

例如房子目前的價值是 1,800 萬元，以最高貸款金額 7 成計算，可貸款額度就是 1,260 萬元。以 65 歲開始貸款、貸款年數 30 年來計算，當事人可以領到 35,000 元（值得提醒的是，多數承辦銀行的做法，都是千元以下四捨五入。舉例來說，每月除下來金額如果是 35,985.12 元時，會直接以 35,000 元計算）。

以上數字看起來還不錯，但是仍要提醒有房子的屋主，在採用「以房養老」業務，讓自己手中「多一筆生活費」之餘，仍有以下幾大重點值得注意及了解：

首先，**選擇的期間越長，所繳的利息計越多**。儘管目前各家銀行

的以房養老方案，可由民眾自行選擇「逆向房貸」的時間，且最高以30年為限。但是，由於房屋所有人從銀行所獲得的錢，還必須加上「借款利息」，而領的期數越多，民眾所要付給銀行的利息，當然也就「越滾越多」。

實際以房屋鑑價 1,800 萬元、逆向房貸成數 7 成、年利率 2.2% 為例，雖然實際可貸金額為 1,260 萬元，但在扣掉每月遞增（因每月新增一筆錢，就要多付一筆利息）的利息之後，當事人真正能夠領回的金額就越少。

從下圖中可以明顯看出，只要「以房養老」的期間越長，民眾所付的利息也就越多，相對的，能夠實際總領到的錢也就越少。也就是說，鑑價 1,800 萬元的房子，真正民眾 30 年拿到的錢，不過是 845 萬多元，連房子鑑價的一半不到。且更重要的是：以上 2.2% 的年利率，還是「浮動計息」。假設未來利率走高，民眾要負擔的利息支出，恐怕更是驚人（詳見圖 1）。

圖 1、「以房養老」期間越長，所付利息越多，總領金額越少

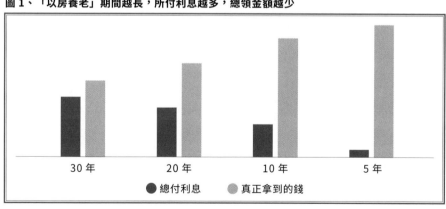

其次，**假設扣除利息，每期能領金額將會遞減**。實際以上例來看，雖然第一個月，當事人可以領到 35,000 元。但如果每期扣掉「向銀行借錢」的利息，每月可領的錢則是「逐期遞減」（詳見圖 2）。因為，第二個月要扣第一個月的利息；第三個月要扣第一及第二個月的利息，之後每期依此類推及遞增。

也就是說，貸款 1,260 萬元、30 年期，第一期雖可領 35,000 元，但隨著利息越扣越多、可領金額越來越少，到最後一期的時候，當事人實際可領金額就只剩下 11,000 多元，最後一期的金額就只剩下起初的三分之一不到。

圖 2、歷年各年齡層婦女年底有偶率

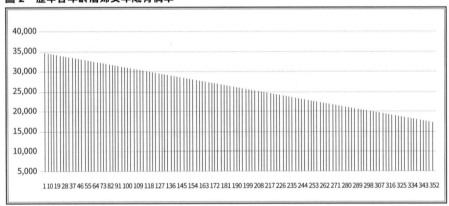

辦貸款並不難，調解「人」的部份才是關卡

再者，**如果採「先掛帳」的方式，小心日後一次給付的利息負擔恐怕不輕**。當然，現在多數承辦以房養老業務的銀行，都會設有「貸款成數五成以下先不扣息」，或是「利息扣款上限為每月撥付本金的三分之一」的「先掛帳」模式。

以此例來說，差不多到第188期，也就是貸款年期的一半時，每月撥付本金就一直會停留在24,000多元（累計利息不超過每月撥付本金的三分之一），其餘利息將採取「先掛帳」的方式，待最後還款時才一併繳交。

只不過，就算民眾採取「先掛帳」的做法，所有利息延到最後再「一次給付」，也仍將面臨極大的問題。以前面所舉的逆向房貸30年為例，貸1,260萬元的總利息金額，就超過414萬元（就算只掛帳一半，也有200多萬元的利息），如果當事人真的沒有其他恆產或現金，這些利息如何能讓沒有收入，還需要向銀行申辦逆向房貸業務的人輕鬆還得？！

第四，**假設「縮短領取年期」，也要考慮長壽風險**。也許讀者會說：「既然『期間越長，利息繳的越多』，那只要把期數壓縮得更短，不就解決問題了」？！話是沒錯，但讀者可別忘了，如果期間縮短，但實際生存的時間超過這逆向房貸的期間，又該怎麼辦呢？更何況，現在幾乎沒有一家銀行，肯確實回答民眾：如果逆向房貸設定的時間到了，但當事人仍然健在，銀行為了自家的債權確保，到底要不要把

當事人「趕出家門」呢（事實上，這也是挺兩難的，銀行趕了人，會被社會輿論撻伐；銀行不趕人，員工又無法向股東交待）？而如果當事人被迫離開唯一能居住的房子，未來的居住及生活費，又該如何解決呢？

第五，也是最重要的是：**由於「以房養老」的每月生活費用計算，是依據「房子的鍵定價格」為準，所以，房子「所坐落的區段」，以及「持分數」就顯得格外重要。**

最後，可能也是相當重要的是：必須搞定「子女」這一關。因為根據衛福部編印的「中華民國106年老人狀況調查報告」的結果，65歲以上受訪者「不想使用以房養老」的主要原因，就是「要留給子孫繼承（佔39.11%）」，其次是「老年生活已有安排，不需要申請（佔20.30%）」，只有15.73%是因為「不符合申請條件」。

然而，如果已經50歲、完全不擔心必須把房子留給子女，或是根本單身，且自認沒有準備多少退休金，或在計算之後，深覺退休金可能不足的人，我認為是可以考慮，將「以房養老」當做另一個「可以擠出一些退休金」的方法之一。但必須注意的是：**安穩退休別只仰賴「以房養老」一途。因為，它只能「錦上添花」，不能做為退休金的「唯一」來源。**

其實，目前除了各銀行推出的「以房養老」業務之外，也有少數銀行推出一種「結合以房養老與保險、信託」的商品。簡單來說，這種「結合以房養老及保險、信託」的商品，就是用屋主的房子向銀行進行「一次性借款」，再用整筆錢去買一張「即期年金險」。之後，

保險公司會將年金，匯入客戶的信託帳戶中定期給付（要扣除向銀行借款的利息及每月信託管理費）。

這種「結合以房養老及保險、信託」商品的最大優點，就是可以補足一般商業以房養老業務，所可能無法達到的「長壽風險」。因為，其所結合的「即期年金險」，可以提供「活的越久、領的越多」的保障，且年金險的保證年期有 10、20、25 及 30 年等不同選擇。

但在實際的做法上，卻有少許的差異存在（詳見表1）。其中最大的差異，就在於貸款成數、選擇年金險商品，以及最重要的一項：當屋主存活期間，超過核貸年期後的處理方式。

而值得有興趣屋主注意的是，對於想要有筆穩定又長久的退休金的民眾來說，由於「以房養老＋年金險＋信託專戶」這種組合，是採「整筆借款」的方式，每期的利息不低，再加上每月要扣信託管理費，所以每期實領金額，將低於「純以房養老」業務。

而且，實際在選擇往來銀行之前，一定要特別了解銀行所連結的年金險商品內容。最好要避免選擇「年金金額在保證期過後就大幅下降」的保單（例如年金保證領取 20 年，但超過 20 年後，每期年金可領金額就降為原本的10%），以避免保證期之後所領金額，不足以支應原有生活水準，且還要再繼續支付每月信託管理費。

家中財務大權別旁落，自保為上

曾有研究報告指出，退休後夫妻關係之所以不好，其中一大原因

表 1、單純「以房養老」與「以房養老＋保險＋信託」的比較

	單純以房養老	以房養老＋保險＋信託
商品內容運作方式	單純將屋主的房子進行「逆向房貸」	以屋主的房子向銀行進行一次性借款，並用整筆錢去買一張即期年金險，再將年金匯入客戶的信託帳戶中定期給付（要扣除向銀行借款的利息及每月信託管理費）。
固定費用	銀行手續費、律師費、設定規費、代書費	銀行手續費、律師費、設定規費、代書費
變動費用	利息費用（只限「每月借款利息」）	利息費用（整筆貸款利息）、信託費（簽約付 1,500 元、每月信託管理費 200 元）。
最高貸款成數	台企銀約為鑑價的 7 成、華銀第一次約為鑑價的 6 成（因第一次借款要扣除預留的 2 成）。	同左
貸款期間	年齡＋貸款期間≧90 或 93 歲，最短 7 年，最長 30 年。	同左
年金商品	無	搭配即期年金商品及信託專戶，年金險的保證年期有 10、20、25 及 30 年等不同選擇。
優點	1. 因為利息計算是依照「借款金額」而定，有借才有利息，因此扣掉利息後的每期實領金額較高。 2. 設定時間越短，每期實領金額越高，且利息負擔也比期間長者要少。	即期年金險可以提供「活的越久、領的越多」的保障。
缺點	1. 由於借款期間一經設定，就無法更改，所以，屋主將會面臨「設定時間短、實領金額高，但需面對長壽風險；設定時間長，可避免長壽風險，但每期實領金額會壓低」的困擾。 2. 就算有銀行在設定期間到期後，提供「延貸」的服務，但延貸期間仍要計算利息支出，進一步降低實領金額；且就算先採「掛帳」方式，這筆錢不是屋主還，就是屋主的繼承人要還。	即期年金險可以提供「活的越久、領的越多」的保障。

就在於「金錢問題」。既然如此,在50歲之後的這段「退休衝刺期」,夫妻兩人一定要一起,設定一個定期討論家計的時間表。

為什麼定期討論家計大事如此重要?完全是因為退休規劃,本就是一個長期不斷動態調整的過程。它不可能只設定一個累積退休金的數字後,就不再管這個金額,是否足以支應退休後的生活?或是這個目標根本就難以達成?

「定期討論家計」的目的,主要是拉近夫妻雙方對於退休後,生活水準及消費的「共識」。假設永遠對此避而不談,只是讓問題越拖越久、越來越沒有共識,最後也越沒有獲致目標的可能。

例如《50歲,優雅開始過日子》作者保坂隆就認為,「只要活著,就得花錢」。他認為在「缺乏正確訊息」與「夫妻沒有共同討論」之下,只會加劇對老後生活的不安全感。因為就算資產超過1億日圓,也還是有回答「非常擔心老後生活」的人。所以,他認為:「對於老後資金的不安,只要能夠掌握具體數字,就能看到解決之道」。

至於這裡的「定期討論家計」的時間,到底要多頻繁呢?保坂隆**建議夫妻每年至少進行一、兩次的家計會議。**

當然,「夫妻雙方共同討論家庭財務問題」是必要的,但不表示記帳與管理的工作,都是由兩人同時進行。我最後建議大家,記帳工作可交給擅長的一方進行,甚至是把家庭財務大權交給「最愛錢」而且「最懂錢」的人處理⋯⋯這樣一來既可方便從支出源頭控管,也能達到夫妻彼此牽制的效果。

總之,「愛花錢」而且「會漏財」的人,絕對不適合保管財庫。

降低消費慾望，
改變生活型態

　　我個人認為，這裡的「降低生活層次」的目的，是為了「過一個簡單，卻不節儉（小氣）的生活」。例如之前看過一位日本住持枡野俊明所寫的《不為錢煩惱的老後》書中，作者特別區分了「簡單生活」與「節儉生活」的不同。根據枡野俊明的定義，所謂的「節儉」是指在金錢價值觀上，完全是以「便宜」為最重要的選擇；至於「簡單生活」，則是「嚴格地只買必要的東西」。

　　依照枡野俊明的說法，「簡單的生活不是用錢小氣，卻胡亂地買了沒有必要的東西。嚴格挑選生活中使用的必需品，對必要之物不惜花錢，這是用心過生活」。

　　所以，個人會非常誠心地建議深覺退休金可能不足的50歲族群，不管退休金準備充足與否，一定要「降低生活層次（水準）」。**因為**

首先，對於絕大多數的人來說，根本沒有「退休金準備充足」這回事。
例如《上流老人》作者兼精神科醫師保坂隆就特別強調：千萬別被「退休後需要好幾千萬圓」這種話給迷惑，且「急著從現在開始增加收入」這念頭，可是「相當危險」的。

保坂隆認為，「一味想著要多賺點錢」並非明智之舉，重要的是懂得「保存手上握有的資金，仔細思考和這筆錢相應的生活方式」。至於要如何在收入短少的限制下過日子，他認為秘訣之一就是「知足常樂」的生活態度，一定要換個想法，認清「懂得利用這筆錢思考如何開心過日子的才是聰明人」。

而我人認為，「開始降低生活花費」的思維，是基於：特別是屆臨退休、假設沒有其他更多可以積極生財的機會，那麼，「開源」既會成為「不可能的任務」，也很容易因為「擔心退休金過少、無法順利生活」，而進行「投機」或「賭博」式的投資，更容易因此而將好不容易累積的財富「散盡」。所以，個人認為「降低生活水準」是在「退休衝刺期」中，相當重要的一大重點。

放棄奢靡花銷，提升財富自由度

過去，就有不少不負責任的專家，會這麼慫恿民眾：退休生活就是要過得無憂無慮，讓辛苦了一輩子的自己舒服順心，所以，哪能苛扣退休金的準備呢？

不過我個人的看法卻是：就算妳有錢如台灣或世界首富，一旦不

懂得分辨「想要」與「需要」，在「人生的欲望無窮無盡」之下，也難保財富很快就會花光。所以別懷疑，當妳進行退休規劃，卻發現「目標難以達成」之際，問題真的只是出在：「對退休生活的過度預期」而已。所以，在「準備退休的時間」、「合理投資報酬率」以及「每月存款、投資金額」都不可能有太大變動之下。唯一能變更的，就是「降低退休後生活水準」這一條路。

事實上，退休後的花費絕對要比退休前少很多，例如子女的教育、每天上班通勤、外食，甚至是每月固定的投資金額等，也不會在退休後發生。所以，「降低退休後生活水準」應該要比「額外增加薪水收入來投資」要容易得多。特別是有時候，減少開支可以減少生活成本，但卻不一定會「降低生活品質」。例如同樣是吃飯，只要關心「營養是否均衡」，以及「材料是否新鮮與安全」就好，並不需要選擇昂貴的食材或餐廳。

個人深深以為，人生不過就是一連串的選擇題，而在不斷地選擇當中，難免要捨棄掉一些東西。至於退休，不但是每一個人無可迴避的問題，也同樣是進行一生理財規劃的重點，不過，卻應該有正確的態度來面對。適度的焦慮就像人生中的適量壓力一樣，可以督促每個人用積極的態度應對。但如果對退休產生不切實際的想法及預期，下場很可能會是兩種極端：一是採取投機、炒短線的方式；另一種則是假裝忽視退休問題的存在。不過，不論是哪一種態度，這不但無法解決退休問題，還可能會更加嚴重。

個人並不希望讓熟齡女子們捨高標而就低標，然後將薪水大肆揮

霍，而是希望給眾多對財務安全心存焦慮的人多一點希望。也就是先從容易達成的目標開始做起，行有餘力，再逐漸拉高目標值。

其次，「就算準備再多錢，在奢侈浪費之下，錢都有可能提前花光」，再加上「由奢入儉難」，所以，**千萬要避免提高生活享受。且生活水準一旦拉高，就很難再恢復了。**

以「可終身保固」作為消費原則

一般來說，退休前因為還有收入，且50歲的階段，還是處於高薪資的階段，仍有一定的能力可以過著較高水準的生活。只不過，一旦正式退休之後、收入中斷，就會出現兩種情形：一種是繼續花大錢過高水準生活，然後原先準備的退休金，就會快速減少；另一種則是會產生很嚴重的心裡不適應。

再者，**少買東西，也能讓自己省時、省事。**因為東西一多，就需要常常整理。但年紀越來越大時，不但無力、無時間去整理，且分類及整理的能力也越來越差。那麼，有哪些做法呢？個人認為可以參考以下這二位專家所推薦的有效做法：例如《破產上天堂》的作者Pollan & Levine 就建議，從現在開始起，在沒有十分充分的理由支持下，絕對不輕易買東西，除非妳真的需要它。而如果要汰換掉某些家用品，則一定要先修理它。也就是說，當修理費用比買新品便宜許多時，就不要買新品。

《老後生活心事典》作者佐藤真一則堅持，消費時應以「可保固

一輩子」為原則。買東西時，一應要選擇可以經久耐用，而且不會退流行，或者製造商可以保證，經得起時間考驗的商品。然而，儘管此一階段差不多已進入「退休金準備」的衝刺期，但有些必要的花費，還是不能省的。這裡頭就包括「培養夫妻兩人的共同興趣」，以及「培養退休後創業或再就業實力」的相關開銷。只要這筆錢，能從平日其他消費上省得下來，就不是該省的對象與項目。

所以，妳們要切記：什麼該省、什麼不該省的問題。不該省的是健康吃的錢，因為吃得不均衡與不營養，未來得病的機率就高。與其花錢在看醫師上，還不如平日老老實實均衡飲食、別省錢。

其次是日常生活用的物品，主要是老花眼鏡（一定要附有過濾紫外線及藍光功能，以避免白內障的惡化）、有聽覺障礙就戴助聽器，家裡燈泡壞了就馬上換，也不要為了省錢而裝低瓦數的燈。

戴眼鏡除了避免走路摔倒之外，也有助於閱覽書報。而閱覽書報是預防失智很重要的一項活動；助聽器不僅有助行走的安全，據說也可以預防憂鬱及失智；至於室內光線明亮，也可避免室內跌倒的風險。

首先，最該省下的錢，就是購買保健食品的錢。個人對保健食品沒有很大的敵意，但是，如果平日三餐正常、營養均衡，就根本沒有必要花大錢，去購買一大堆保健食品的必要。

其次，為了面子的婚喪喜慶禮金，以及不必要的吃吃喝喝等支出，不妨就省下來。當然，退休後為了避免失智且需要有人相伴，與朋友頻繁互動與聚餐是有必要的。但是只是為了吃喝而聚餐，那就有點矯枉過正了。更何況，那種為了交到朋友而花的錢，又跟媒體社會

版面上，常出現的婚友詐騙行為有何不同？

如果是讓身心放鬆的純消費，不是不能花，而是要盡量避免，至少控制在月收入的 5% 以內。因為，完全不設這樣的花費，很容易讓一個人的身心「繃」得過緊，生活及工作反而變得無法放鬆與欠缺動能。

讓消費方式變困難，確保銀庫無虞

此外，為了避免影響了正常的存退休金大計，且無法順利在真正退休之前「降低生活水準」，在這段退休衝刺期中，很重要的財務重點，就是信用卡及分期付款等無限制的消費行為。

個人建議，如果之前都沒有成功戒斷過信用卡的使用，為了避免退休後的衝動購物，應該要從此時開始，努力戒掉使用信用卡消費的習慣。而那些越來越方便的手機行動付費方式，也要一併取消而不使用。

戒斷或剪掉多餘信用卡，只留一張就好

首先在戒掉信用卡使用習慣上，儘管信用卡的使用，可以為人帶來支付上的便利，但它也同樣具有「傷財」的副作用。這是因為不管是信用卡的循環利息，或是小額借款的利息，就算再怎麼低廉，也還是不及銀行存款利息。

也就是說，在「利滾利」之下，就算使用者停止繼續借款，負債也會滾出難以負擔的龐大債務。所以個人建議就算要辦信用卡，最多

不超過一張，且如果可以的話，至少大筆金額消費採用「預先存錢」
的方式，而儘量不要用到信用卡。

幸福調味料

遠離分期付款，避免動用循環信用

理由很簡單，正是因為使用「分期付款」及「動用循環信用」這樣的
支出方式，常常不易讓人了解實際的支出狀況。建議遇到需要大筆金
額消費時，還是不要用信用卡，而是採取「事先預先存款，再以現金
支付」的方式。

然而，就算是每一期都能繳清信用卡帳款，不動用到循環信用，但「無
息分期付款」的本質，就是一種「虛胖」的消費，容易讓付款人沉醉
在「收入不多，卻可以享有更高消費」的假象之中。老實說，也並不
值得鼓勵及學習。

　　實際去看看所有教理財大眾「成功存到錢」的文章，每一篇都會
提醒民眾：千萬別帶信用卡出門，因為越是「付帳輕鬆且快速、方便」，
就越是「紀律存錢」計畫的大忌。

　　這是因為，已有不少研究顯示，越是便利的消費方式，越有可能
是阻斷民眾投資理財成功的最大幫兇。

　　記得之前看過《改變未來的秘密交易》這本書，書中就列舉了不
少有關於信用卡消費的研究。例如「信用卡可以帶來購物的喜悅，卻

毫無痛苦，只要移除現金，讓付款能即時發生，大腦就沒時間表達痛苦」。

簡單來說，這些研究都顯示：使用現金會限制消費者「隨心所欲地花費」，而信用卡及線上花費，反而會讓消費者「產生變有錢的錯覺，彷彿它們能變出任何妳想要的東西」。正由於使用現金與信用卡等支付工具時，大腦的感覺及認知是不同的。因此，讀者如果真正想從企業鋪天蓋地的行銷手法中「平安脫身」，唯一的解決之道，就是限制自己使用信用卡等便利的支付工具，而是堅持採用最傳統的現金。

老實說，先不談會「難以克制消費欲望」，以及「不同刷卡期間的帳務處理」，信用卡一多，就容易面臨「因不注意而遺失、被盜刷」的風險。但如果只有一張，就比較能讓自己的視線，時常集中在那一張上頭。更何況，只要多一張信用卡，可動用的刷卡額度就高，也有「更加鼓勵消費」的傾向，實在是節約消費的大忌。

此外，讀者在消費時，除了會用到「信用卡」之外，也常會收到的各種「集點卡」與「折價券」。關於這點，我覺得由於退休後的多數時間，除了造成「衝動」及「過度」消費的浪費外，對於個人理財及儲蓄上，幾乎沒什麼幫助，再加上又佔錢包的空間，所以我還是選擇捨棄，只留下真正會長期光顧（例如每個月一定會去一次以上）店家的集點卡或折價券。

網路銀行開戶，「眉角」報妳知

事實上，如果是重要的儲蓄或投資帳戶，也最好不要申請金融卡或網路銀行業務，相信在「不易將錢提出」的前提下，可以進一步杜絕無意識的不當消費。當然，個人也建議就算是網路銀行，也只開一個帳戶就好。因為帳戶少，管理起來不但容易，且才能常常上網，了解帳戶中是否有異常狀況，避免造成金錢上的損失。

而這裡所謂的「金錢上損失」，其實有二大型態，其一是網路銀行也可能受到網路駭客的攻擊。單以國內為例，就曾在 2017 年 10 月時，傳出某銀行電腦遭植入病毒程式，並遭駭客盜走 18 億元台幣。

儘管事後金管會表示，根據該銀行的回報，損失金額低於 1,500 萬元。同時，這次事件是虛擬交易，不是從客戶帳戶內匯出資金，並沒有客戶損失；就算有損失，也將全額由遠東銀行承擔，不影響客戶權益；也沒有接到其他銀行有相關情況，應該屬於單一銀行的個案。

但是，熟悉資安的專家都心知肚明：駭客不可能有完全消失的一天。既然如此，每一位網銀的客戶，都要時時關心自己的帳戶內容，才能在最短的時間內發現，並向網路銀行進行反應（當然，常常留下網銀對帳資料，也是很重要的自保做法）。

而當網路帳戶開太多之際，就很容易發生「較少登入網路銀行」的情形。此時，就不容易立刻發現帳戶內的異常狀況。所以，個人才會建議只保留其中一、兩個「最順手」的網路銀行帳號，其餘少用的帳號通通取消。甚至，連金融卡都不要申請，以進一步降低被盜用的

風險，或是來自於歹徒的詐騙。

　　老實說，我也不是一個天生就習慣苛扣節儉，對「美麗事物」能夠做到「八風吹不動」的人。但是，我個人常堅守的一個原則就是：平日出門很少帶超過 2,000 元，有時，甚至去菜市場，除了必買東西所需要的金額外，也從不多帶錢。且除了必須要買的東西外，個人也很少上購物網。

　　因為我自己很清楚，對於價格便宜的物品，很難不直接化為行動。特別是網路上購物，完全只要動動手指頭就可以完成，想要克制消費，可能更加困難。因此，「眼不見為淨」對我來說，才是有效阻絕亂買東西的最佳辦法。

想想自己還缺什麼？
保險趁早補強……

　　首先在這裡，我希望讀者們「重新檢視個人或夫妻兩人保單」的目的有二：

　　其一，是趁自己還能用少少的保費，購買到一定的保障之前，看看「兩人還有沒有保障不足的地方」？

　　其二則是，正確設定保險理賠金的「受益人」。

　　根據衛福部「中華民國106年老人狀況調查報告」的資料顯示，55～59歲有參加商業保險的比例是69.23%、60～64歲則降為61.45%，而超過65歲之後，還有投保商業保險的比例，就降到32.79%。其中，65～69歲是48.87%、70～74歲是39.05%、75～79歲是21.29%，80歲以上就只剩10.74%。

　　這數據除了突顯出保險有最高投保年齡上限的限制外，還顯示民

眾年齡越大、體況變差，能買的保單選擇就不多了。正因為如此，更需要提早購買有需要的商業保險才是。特別是許多保單的最高投保年齡，差不多都訂在 50～60 歲。所以，50 歲時，可以說是有機會買齊、買足商業保險的最後機會。而只有透過「重新檢視夫妻二人保單」的內容，才能知道有哪些風險的缺口，還可以靠保險來「補足」？

一般來說，保單的最高投保年齡，終身型大約落在 50～65 歲之間；至於定期險種，則多半可以投保到 70 歲，甚至還有 80 歲的。當然，終身險保費都不便宜，因此，如果預算不是很多之下，並不建議此時還去選擇終身型保單。

且儘管有一定的風險缺口，但由於 50 歲時才投保，相關年繳保費金額都不低。因此在以上考量下，值得買的險種已剩下不多。購買原則就只有「發生率高，且一定都會常用到的保單」。

從這個角度來看「唯一值得買」的保單，首先**由於高齡者較常發生意外事故，因此，50 歲之後必須檢視並購足的保單，首推意外險附加傷害醫療險。其次，由於高齡者住院機率高，住院醫療險也仍是必備保單之一。**

第三，則是因應**「年齡越大、重大疾病或癌症風險越高」**的險種。個人比較推薦「一次給付」型的癌症險，因為保戶領了錢，可以由著自己的想法來花用。當然，在保費有所限制下，個人會建議：定期險當然優於終身險，且「保費較為便宜的產險公司保單」，又優於「保費相對較高的壽險公司保單」。

台灣坊間販售的「失能險」不是長照險

其實，一直以來，就有不少讀者問我：長照概念保單有三種，到底該買哪一種？我向來的答案是：真正為沒有工作，但出現中、重度失能或失智狀態的退休人士而設計的保單，就是長期照護險。以美國為例，也一樣是賣長照險。我問過在美國賣保險的朋友，他說美國的長照險，與台灣長照險相同，但有的理賠定義可能較為寬鬆（例如失能6項中，只要2項就賠，台灣必須至少3項）。至於在美國賣的意外傷害險，就只有理賠「身故」與「全殘」，根本沒有像台灣一樣，除了身故與全殘有給付外，還特別針對不同殘廢等級，進行理賠金額的認定。

更重要的是：同樣引用「殘廢等級表」進行給付的，還有失能險與失能扶助險。但是，如果讀者仔細去看，各級殘廢的定義並不是醫學專有的定義，且許多都還加上了一個「工作能力」的認定。

在美國，是有所謂的「失能險」，它主要是賣給「擔心自己因為意外或疾病無法工作，希望能有一筆理賠金，能夠幫助他們取得工作收入損失的補償」（在台灣，這種保單叫做「工作失能險」，聽說市場接受度很差）。但是，美國銷售的失能險定義，只有依「完全不能從事任何工作」、「不能從事原來工作」等進行定義，也完全沒有台灣所賣的「失能險」，還加上了「各級殘廢等級」的定義。所以，台灣所謂的「失能險（之前叫做殘扶險）」，根本就是非常奇怪的組合。簡單來說，它就是把「各級殘廢」與「工作能力」綁在一起的保單。

據了解，台灣當初推出「依殘廢等級表」進行理賠的殘廢險或殘扶險，主要是抄「勞工保險殘廢給付表」而來。

我之所以要提這麼多台、美之間相關保單的內容，就是為了提醒讀者：現在台灣賣的失能險，雖然非常多業務員用來「替代長照險」，但基本上，它就不是「為退休後長照風險」量身設計的專屬保單。且它的理賠定義是依照「殘廢等級表（主要是指「失能」）＋工作能力認定」，所以，至今沒人敢打包票說：未來每一位買了失能險的保戶，有任何中、重度失能或失智的狀態（不論原因是意外或疾病），百分之百都可以領到保險金。

簡單來說，不管在退休前或退休後，人們都可能因為意外或疾病，而需要長期照護。只不過，由於長照險目前全都是終身險種，保費相當貴，且只有失能險有定期險種。所以，我個人才會做以下的建議：

（1）假設預算充足、擁有長壽基因，且家中過去有長照案例，例如有腦中風、高血壓、糖尿病、失智症等病史，我會建議就算保費貴，也最好能投保長照險。 因為根據過去的試算，萬一保戶發生符合長照險的理賠狀態，只要領個幾年，等於過去所繳保費，全部都可以「賺」回來。而就算此生有幸，並沒有發生需要理賠的狀態，有些長照險可以在被保險人「身故」時，領回總繳保費。

（2）假設預算不足、退休金都還沒存夠，卻又擔心還沒退休前，就因為疾病或意外，連工作收入都沒了，我會建議最好投保定期的失能扶助險。 因為一來，它的保費相當便宜，符合「低保費、拉高保障」的原則；其二是，至少可以確保從發生事故到退休前，這段期間

的工作收入不致於中斷，也才能一面支付照護費用，一面還能繼續儲存退休金。

看到這裡，也許讀者會問：買定期殘扶險到 65 歲，那退休後的長照風險該怎麼辦呢？接下來，就是我想要強調的重點：由於定期失能險保費便宜，可以用比買終身長照險還要便宜的保費，先將近期（至 65 歲退休前）的風險先鎖住，然後努力「多存一些退休金」。

個人向來就堅信：現金在手，比任何保單都還好用。因為保單還有保障範圍與定義的問題，不見得妳未來發生的事故，完全符合理賠標準；也同樣有「買不夠，遇事保障一樣不足」的問題；更有年紀大了，根本買不到保單（被公司拒保）等問題。所以有關長照風險，我認為應該回歸到問題的原點：有沒有準備足退休金？如果沒有存足退休金，卻買了一堆保單，個人不認為那就一定可以讓妳安心。

畢竟人的安全感絕對不是靠保單堆砌，得靠自己「自立自強」站起來。如果 50 歲時保費預算超出能力，建議先以 65 歲退休前風險先解決，買定期險鎖住這段期間的風險、努力多存點錢，才是現階段最實際的做法！

以上提到了過了 50 歲，不論妳是單身或夫妻都要重新檢視兩人保單，並且及早買好適足的保險。接下來，我想要花一點篇幅，特別提一下兩種「千萬別買的保單」。

千萬別買「小額終身壽險」

在此，我要先聲明的是：我對這種保單沒有敵意。儘管這種保單號稱「保費打 7 折（但實際上，保費會因為不同年齡而有不同，最便宜的其實只有 79 折）」與「不用體檢（但事實上，這種小額終身壽險只是「原則上免體檢」，但被保險人還是要詳填告知事項，且在核保需要下，保險公司仍得要求抽檢或體檢）」，但它有以下兩大嚴重缺點：

首先，**它有保額限制，每人終身就只有 30～50 萬元的保額。其次，它無法附掛任何附約**。事實上，投保終身壽險的用處有兩個，一是支付自己「身後事」的費用；另一個是「附掛其他保費更便宜的附約」。

但很抱歉，這張因為政策性推出的小額終身壽險，完全不能附掛其他附約。至於「支付身後事」這個功能，我只想問一下讀者：如果妳連 30～50 萬元籌辦身後事的費用都湊不出來，請問妳準備拿什麼來退休呢？

簡單來說，我不是反對妳買「小額終身壽險」，而是在其他重要的保單都沒買時，以為只要買了小額終身壽險，所有的風險都能「顧得上」。一直以來，個人最怕遇到的，就是這樣的保戶：只買了一張保單，也不管這保單能提供什麼保障，就以為自己「啥風險都不用怕了」。

更重要的是，對於 50 歲以上的族群來說，最可能發生，也是讀

者最需要依靠保險，來移轉的龐大費用支出的風險，就是「退休生活費」、「各項（住院）醫療費用」、「罹患重大疾病開銷」及「失能或失智後的長照費用」四項。且以上四項，全都不是「小額終老壽險」所能提供保障的。

勿以「準備退休金」為目的，購買各種年金險、儲蓄險

首先，要請讀者們看清楚喔，我完全不反對退休後，為了提供穩定現金流而投保「即期年金險」，但我反對的是：在還沒有退休前，就開始買包括年金險在內的各種儲蓄險。

以「一次蠆繳保費，然後立刻開始領取年金」的即期年金險為例，由於妳都還沒正式退休，沒必要現在就開始領取「年金」做生活費，當然是「考慮都不用考慮」。至於遞延年金險，則必須分兩個層面來思考。首先，如果是「已經存妥當」的退休金，不在乎報酬率只比銀行定存高一些，但風險相對穩定不少，是可以投保這種保單。但保戶唯一要注意的是：挑選「年複利報酬率（IRR）」最高的那張保單，且一定要注意保單收取「提前解約金」的時間，並避免在這段期間內「提前解約」。

其次，如果是為了積極創造更多退休金（投入資金來源是平日「定期定額」資金，或是年終獎金）的錢，個人也建議完全不該考慮任何形式的「保險」！

調整投資標的，
先求「有」再求「好」

　　我總是再三強調「退休前、後應該使用不同的投資理財工具」。所以，**個人也強烈建議面臨退休衝刺期的 50 歲族群，一定要開始逐步更換適合自己投資屬性的投資理財商品**。理由很簡單，如果錢已經準備足夠，重點是不要減少，而不是「可能的變動」；假設不足，「想要多賺些」的念頭，更會讓資產大幅變動，恐怕風險更高！簡單來說，在盤點好現有的財富之後，個人建議必須將財產分成以下兩大部分：

　　其中之一是「**已經準備好的退休金**」。這部分一定要保守、穩健、完全不會虧到錢；另一部分是「**在既有的退休後生活費的基礎上，以「風險穩健」的角度，長期能增加退休後生活費**」的部分。這部分，個人認為可以繼續透過「長期投資」以生利。

以上兩部分的最大差別在於：**做為「基本退休生活費」的資產，最好以「保守」、「保本」為最大遵循原則，完全不能擔負任何投資風險。**也就是說，這筆錢不能有任何短少或全部歸零。否則，退休生活就要跟著完蛋。正因為如此，以上**做為「基本退休生活費」的資產，就只適合放在「100％保證保本」的商品及標的上，而且也絕對不能把全部資產，全押在單一商品或標的上。**

至於所謂的「100％保證保本」的商品，個人認為市場上只有三種金融商品，符合此一標準。其一是「銀行存款」，另一個是政府公債（外國公債因為牽涉到匯兌風險，個人不認為就一定優於本國公債），再來是「半個儲蓄險（因為，就算保險公司沒有倒閉風險，保戶投保前幾年解約，可是連本金都拿不回的）」。其餘商品，不論它怎麼號稱「獲利安穩」或「風險低」，想要安穩退休的讀者可千萬別輕易相信。

短期可獲利，風險通常更高

為了避免自己錯買或錯認了「非保證保本」的商品，建議精明的大齡熟女們可以藉由「請業務員及金融機構主管簽切結書」的方式，證明所買的商品「100％保證保本，否則願全額退還本金及保證利息（報酬）」。假設對方不敢簽，那正好代表這根本不是「100％保證保本」的商品。

正由於這已準備好，最為未來退休基本生活費的錢，完全禁不起

虧損，所以，個人也完全不建議月配息基金（更不能是連結月配息基金的類全委保單，因為要被再扒一層「費用」的皮）、挑選高股息的「定存股」，或是任何「遞延年金險（指「必須先繳費後一段時間，才能開始定期、固定領錢的年金險」）」。

　　理由一是因為「它們沒有100％保證保本」，理由之二則是：由於50歲的年齡也還沒退休，現在領錢出來，由於所領的錢不會太多，很可能就會因此而花掉，無法真正存下來。

　　且更重要的是，以「定存股」為例，鑽研股票多年，並提出「GOWIN選股模式」的我的朋友施國文，就不忘再三提醒投資人：不論是想買定存股，或是月配基金來準備退休，最重要的一個正確心態是：不能單看配息率，而是看「能不能填息」？否則，「全都是用自己的錢來配」。既然如此，也就代表定存股完全無法「100％保證保本」，自然也就不是投資人值得參考的標的。

　　而除了不建議全數投入「定存股」外，個人也並不建議投資「目標到期」基金（當然就更不是要被收一層手續費的「連結目標到期債券基金的類全委保單」），因為它並沒有「100％保證獲利或保本（有些保單連結非投資等級債券，信用風險並不低）」，且多數是投資海外，除了本金折損的風險外，還更多了一層匯兌風險。

　　至於年金險部分，儘管所有遞延年金險都可以讓保戶在繳費期滿後，選擇一定的時間才開始領取年金。但假設保戶沒有在繳費期滿後，延後請領年金的時間點，則保險公司就會在保戶還有固定薪水收入、不怎麼需要定期領錢的時候，就開始給付年金。所以個人建議挑選年

金險的標準是「即期年金險（一次蠆繳一筆保費，並且馬上可以開始領取年金的保險）」、「分散不同保險公司投保（分散風險）」，以及「除非要去國外退休，否則不買外幣計價保單」這三大原則！

至於「加碼退休金」部分（例如每月定期定額投資，或用年終獎金進行投資的錢）。個人認為可以繼續以「積極但穩健（風險不高）」的方式投資，但一定要記得停利，且停利後的錢，一定要「牢牢存住」。也就是將獲利，放到另一個絕對不會動用的戶頭中，以達到真正「落袋為安」的目標。

假設讀者不善於挑選投資標的，個人認為是可以投資月配息基金，或有高股息的股票。因為，「加碼退休金」的目的不是提供「基本生活費」之用，而是具有「錦上添花」的效果。所以，不論是投資可月配息的基金，或是有高股息的「定存股」，記得配息一定不要領出來，而是「繼續再投資」，這樣才能發揮「複利增值」的效果。但是，完全不建議購買連結月配息基金的投資型保單（理由是「會多收一層保險的費用」），或什麼短天期繳費的遞延年金險。因為，它的報酬率只不過比銀行定存「略高」而已。

事實上，正因為離退休時間還有段距離，個人建議讀者可以選擇「少冒一些些的風險，但在長期產業趨勢看漲之下，還能提供不錯回報」的投資標的。特別是還至少有10、15 年的投資期間，所以，只要是未來十幾二十年產業會向上產業，投資人都比較不用擔心想用錢時，股票卻被「高檔套牢」。以下，是個人認為值得投資人參考的兩大長期投資方向。

「短天期儲蓄險」的四大注意事項

（1）除非退休後長住國外，否則別為了「預定利率」比新台幣保單高，而去買外幣計價的保單。因為妳未來需要用的錢是新台幣，而且除非妳能掌控好外幣匯回時點，否則一定會有匯兌風險！

（2）注意「保險期間」與「退休年期」的配合。例如還有 15 年才退休，就買 15 年才到期還本的儲蓄險。

（3）絕不選擇「必須自行解約」的「假儲蓄險」。那些需要自行解約或部分解約（注意不同解約時間的 IRR 報酬率都不同）的保單，不論是終身還本或增額終身壽險，都不是最建議的標的。

（4）一定要注意「違約金」的收取。不論是利變型壽險或年金險，在投保的前幾年都有「高違約金」的收取。所以在選擇標的時一定要注意「違約金收取年期」與「距離自己退休時間」相配合。

選擇時，千萬別只看「宣告利率」高低，要實際計算保單的「年複利報酬率（IRR）」。因為宣告利率並非固定不變，且特別以利變壽險為例，宣告利率並非保單的年複利報酬率。想買的民眾最好事前請業務員詳列每年度的保單 IRR，並請對方「劃押簽名」後再投錢下去。

與「少子化、銀髮族」有關

關於人口老化的議題，最直接可能影響投資人的地方有兩大重點：首先是全球經濟很可能不會再看到之前，戰後嬰兒潮、X 世代等所出現

的高速經濟發展。其次，則是能夠提供「對未來最具潛力產業」的預測方向。

　　個人認為，人口老化對於未來的全球各國經濟發展，以及緊接著各國央行準備採取的「縮表」及「利率正常化」政策，恐怕都有相當密切、互存互依的關聯性。舉例來說，當過去人口佔比最多的人，是年輕的兒童時，與兒童食衣住行有關的產業，自是值得大幅投資的標的；當人口佔比最高的人，進入職場之後，勢必會因為太多人都有買房的需求，而帶動起房地產市場的榮景。

　　但是，當越來越多人進入「沒有收入」的退休階段，所有的花費就只能靠「過去所存的退休基金」來支應。然而，並不是每一個銀髮族，都敢拍胸脯保證，自己都有存上足夠的退休金。而更重要的是：由於沒有人能預知自己的餘命時間，再加上年紀越大，因身體不健康而出現的醫療支出可能大增。所以，就算這些人所準備的金額不少，也會盡可能的「省著點花」。正因為以上銀髮族的可能心態與財務狀況的差異，也是筆者並不是那麼一面倒地，全然看多銀髮商機的重要原因。

　　事實上，隨著全球人口越來越老化，並且面臨實質需求不振、經濟沒有過熱、通膨更沒有失控之際，各國央行恐怕也很難「勉力」縮表，並且完全將市場利率，「矯正」到開始大量貨幣寬鬆之前的水準。當然，銀髮族佔人口比重高時，勢必會有一些產業因此受惠，例如像是「醫療產業」。不過，個人對於「具有長期投資潛力的銀髮產業」特色倒有點小小看法，想在此與眾多讀者一同分享：

　　決定銀髮族商機的關鍵，人口是一大要素，但平均消費能力及財

力，恐怕是更重要的一環。也就是說，銀髮族因為身體健康快速變差，所以，在銀髮人口眾多之下，醫藥等需求勢必會增加。而多數分析所看好的醫藥產業，自然也相當程度地符合老年化的人口結構。

但不要忘了，銀髮族雖有一定的退休金，但終究不比還在有工作、有收入時，那般的「出手闊綽」。例如筆者在之前出版的《錢難賺，退休金別亂擺》一書中，就舉了日本及台灣的相互對照例子：

根據日本《下流老人》這本書所提，日本高齡者家庭中，有90.1%的收入，都低於所有家庭的平均所得，因此才被冠上「下流老人」的稱謂。而台灣老人的現況，其實也差不了多少，以2015年的資料來看，台灣65歲以上國人每人平均所得（約近40萬元），也低於全體所得收入者的平均數（約52萬多元）。甚至，有十分之一的65歲以上國人（約48萬多人），當年平均收入才只有18萬多元，還低於當年度「中低收入戶」的身份資格。

以上的例子，其實是想要特別提醒：與收費高貴、恐怕只有少數有錢人才支付得起的醫療器材、藥品等產業相比，筆者其實更看好的是「銀髮族不論有錢沒錢，都一定會「買單（花錢消費）」的產業。也就是說，以上最為看好的產業，是不論非常有錢，或是僅只有能夠維持基本生活費的銀髮族，在日常食、衣、住、行上，一定得消費及購買的「必需消費品」。

假設以類股來看，最具代表的當然與「食品類」、「基本醫療器材與藥品」，以及「水電瓦斯」等日常一定會用到的基本民生必需物品產業脫不了關係。但值得注意的是：在銀髮族消費「也許會努力節

約以維持正常生活品質」的大前提下，以上所提到的這些產業，很難說有「爆發性的業績成長」，頂多只能維持每年固定且穩定的獲利而已。因此，如果要把以上的範圍縮小一些的話，個人比較看好，且具有長期概念的投資標的，則是以「食品」及「專做老人生意的醫療藥品」為主。理由就在於：當全世界開始潮向「共享經濟」的發展時，相關產業在多數人「只分享（租）不買」之下，很難會有好的銷售成績，自然也很難推升股價。

而環顧目前與「生活必需（食衣住行）」相關的產業來看，唯一不能共享又「省不了」的，就只有「吃飯」與「用藥」了。簡單來說，銀髮族也許衣服可以少買一些、一年四季都只穿那幾件，沐浴用品等也可以每次少用一點，但該吃的藥品及三餐，就很難減少用量。以「醫藥」來看，個人較為看好的投資標的，是那些「不吃或不用就不行」的上游製藥業者；至於「吃」的方面，個人也認為越是下游的零售或是餐廳，恐怕能有較高價差的獲利有限。所以，個人反而比較看好「上游的原物料及製造」。

理由之一是餐飲業的經營獲利，完全受制於上游原物料的漲跌，以及「價格提高下，消費者又難以接受」的雙重夾擊，很難會有獲利的爆發力可言。例如前一陣子，在主計總處的「行政院穩定物價小組關注之重要民生物資 CPI 年增率」統計中，包括米麵粉及調製麵粉、豬肉、雞肉、雞蛋、醬油、糖、沙拉油及調理油、鮮奶、奶粉、速食麵、麵包、衣服清潔劑、衛生紙及面紙及紙巾、沐浴用品、牙膏及牙粉、洗髮精及潤絲精，共計 17 項重要民生物資，每項都是一睜開眼

就會使用到的日常生活必需品，近 5 年米、麵粉、豬肉、雞肉、雞蛋等 17 項重要民生物資，每年平均漲幅落在 1 ～ 3％之間。

事實上，近幾年不論國、內外農產品價格，都因為地球的極端氣候而大幅震盪。但個人認為，儘管物價上漲，對於退休金通常固定不變的人來說，恐怕會需要進行縮衣節食的手段。

然而，在「民以食為天」的前提之下，投資人如果能夠懂得「順勢」利用這樣的特質，也許在感歎「物價高漲、薪水不漲」之餘，還能藉由正確的投資標的，將花出去的錢給「賺回來」！特別是現今「共享經濟」的趨勢下，恐怕也只有「吃（飽）」與「醫藥」的花費，是完全沒有辦法「共享」，而降低其購買及消費的標的。

與「AI 大數據」有關

至於另一個能夠有業績大成長的，個人還是比較看好因為人口老化、青壯工作者減少下，未來能夠順利取代人力不足的各種「機器人」產業（包括各種無人車、無人機、銀髮族照護上所需要的機器人等）。而這類產業，由於屬於「新需求的產生」，再加上其過去的基期為零或很低，其產業成長速度，當然會比以上所提到的基本民生必需品產業，要來得更具有強大爆發性。

特別是如果擔心自己或下一代年輕人的工作，很有可能會被 AI 機器人搶走，那麼，反倒可以從 AI 的潮流中，找到的投資機會，並把失去的工資給「賺回來」。

對此，個人比較看好的，是運用「AI 大數據分析」做為經營指導的業者，而不是那些有手、有腳的機器人。在此同時，由於大數據分析要能更加準確，最主要的關鍵就在於「資料量大」。因此，越是人口多國家的大數據分析商業應用模式，也才更具競爭優勢。

對此，個人看好中國大陸相關企業，又更甚於美國企業。因為，這是 13 億的龐大人口，對上只有 3 億人口的大數據分析，除非美國相關企業，能夠吸引到全球更多消費者的使用，否則，大數據分析的應用商機，恐怕還會略輸一籌（筆者對此的預測是：美國可能吸引到的，是已開發國家的消費者；而中國大陸除了自身的消費者外，還有其他新興國家，沒有發展大數據分析優勢的地區使用者）。當然，現階段投資中國大陸，非但有不少的限制，且也會因為大環境（中國大陸經濟景氣）不佳，而有不小的風險。但如果把投資期間拉長來看，投資報酬率應該是相當可期的。

簡而言之，每月薪水裡固定投資的金額，絕對要「積極生利」，至於用做退休基金、已經獲利的錢，一定要放在穩當的工具上「落袋為安」。就像我一再強調的，每一個人都需要至少三個帳戶：一個是生活開銷支出的帳戶、每月強迫儲蓄下來進行投資的，是第二個帳戶，並且一定要準備第三個，也就是將前面投資獲利「落袋為安」的專門帳戶。如此一來，才不會將正在投資，以及獲利的資金混在一起投資，一旦投資失利，可能已經準備好的退休金，恐怕都將「整碗端去」。

保本最重要，
「專款專用」在自己身上

之前曾有外電報導，在日本往超高齡化社會邁進之際，又一個新的社會問題浮現就是：高齡失智症患者持有的金融資產持續增加。

根據日本民間智庫推估在 2030 年度時，因失智症問題無法使用而遭到凍結的資產，將高達 215 兆日圓（約合台幣 60 兆元），超過整體日本家庭金融資產的一成。原本年長者因為失智症而住進長照中心，為了支付龐大的治療費不得不動支其儲蓄，但卻遭到銀行以不能確認本人意願為由拒絕。從金融機構的立場來看，選擇凍結年長者資產，也是為了防止家人掠奪老人的資產；且就算是用於本人，金融機構也拒絕動支這些年長者的存款，所以，造成動彈不得的「死錢」正快速成長。

記得有一陣子曾有社群媒體引用一部日本政府最近推出的一部公

益短片，其內容是號召大家警惕高齡人群的電話詐騙，並提醒民眾和家中老人要多溝通，有事沒事常給家裡打電話。其實，如果看過日本相當知名的《下流老人》這本書，妳會發現作者在書中做出了「**失智症＋一人獨居＋惡質業者＝下流老人**」的結論。在日本，多不勝數的企業和犯罪集團，利用各種各樣的方法，從高齡者手上詐騙金錢。但等到他們發現時，財產幾乎都被騙光了。

拉回到台灣，儘管從內政部警政署相關統計數字的年齡結構來看，年輕人被詐騙的人數結構比最多，但如果從與前一年同期的成長率來看，50歲以上中、老年被詐騙人數成長率，至少都有28%～39%以上的漲幅，且至少連3年都成長。且從性別來看，女性被詐騙的人佔比不但較高，人數成長也較男性為多。顯見國內老年人被詐騙的風險，也非常令人擔憂。

若以衛福部「民國100年台灣地區中老年身心社會生活狀況長期追蹤（第七次）調查成果報告」來看，隨著受訪者年齡的升高，自述單獨處理金錢「有困難」與「很困難或完全做不來」的比例，也跟著大幅升高。

以58～64歲為例，回答單獨處理金錢「有困難」及「很困難或完全做不來」的比例才不過1.7%及1.4%，到了65～74歲就變成6.2%及5.1%、75～84歲則升高為15.6%及13.0%，超過85歲則更跳增為42.1%及35.5%。顯見年齡越大，由自己掌理財務的風險恐怕是不小。

「老年安養信託」避免老年人受騙上當

深入思考老年人之所以容易被詐騙，除了因為孤獨、寂寞、沒有人可以說話或噓寒問暖之外，最主要的原因，也跟「老年失智」密切相關。這個時候，以下所提供的三招，也許會有所幫助。其一是透過「自益信託（老年安養信託）」，其二是直接購買「分期給付」型的保單，第三是已經出現失智狀況了，可以向法院申請「監護宣告」。

第一招，成立「信託」。簡單來說，所謂的「信託」，就是委託與受託人簽定一個契約，將財產移轉給受託人，而由受託人依照信託契約的約定，在契約存續期間內交付信託利益，或是在契約期滿後，交付信託財產給委託人所指定的受益人。[1]

---

1 · 委託人：財產擁有者，也是簽訂信託契約的當事人。

　　受託人：依信託契約管理信託產者，大多數為銀行信託業者。

　　受益人：委託人想用信託財產照顧的對象，可以是自己、配偶、子女或其他特別指定的人。

　　信託財產：委託人的財產，例如現金與存款、保險理賠金、有價證券、不動產。

目前，業者推出的常見信託種類有：金錢信託、有價證券信託、不動產信託、保險金信託及公益信託。事實上，如果從「委託人與受益人是否為同一人」來分類，信託可以分為「自益（信託委託人＝信託受益人）」與「他益（信託委託人≠信託受益人）」信託兩種。其中，屬於「自益信託」一種的「（老人）安養信託」，就很適合擔心未來自己會因為失能或失智，而無法順利處分財產，以讓自己安享餘年的民眾。

目前，國內已有多家金融機構的信託部，有開辦「（老人）安養

信託」的業務。其運作方事就是透過受託銀行獨立且專業的管理，確保退休金及其他財產的安全與有效運用。

實務操作方式是：委託人可以一次，或分次方式支付信託財產（包括退休金、現金、有價證券、不動產），以及各種保險給付（例如一次給付型的年金險、重大傷病或重大疾病保險金……），由受託銀行依信託契約內容，分散運用在存款、國內外共同基金、連動式債券，以及績優的上市公司股票等，收益相對穩定且風險低的理財工具或標的，並且可以依照委託人的需要或要求，定期或不定期將一定金額或比例的信託收益，交付給受益人（一般老人安養信託的受益人，都是委託人本人，當然也可以設定為「委託人所指定的人」），當做受益人的生活費、醫療費等，可以確保老年生活品質（詳見圖１）。

圖 1、安養信託運作圖

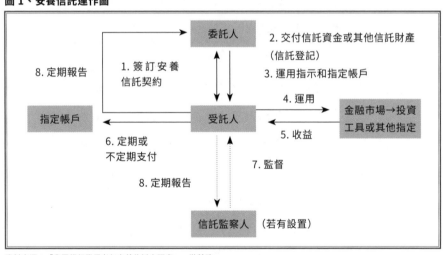

資料來源：「我國銀行發展老年安養信託之研究」、游基政

至於「一旦信託之後的資產，因為受益人身故而未用盡」時，委託人也可以與受託銀行約定，以委託人「最後生存日」為信託期限：在信託期間內，以自己及配偶為受益人，享有信託收益；信託期滿後，則以子女或公益機構為信託財產歸屬人。因此當信託結束時，受託銀行會將剩餘的信託財產，交給委託人所指定的受益人。

　　如此一來，不但成立信託的委託人，本身老年生活能夠享有一定的保障；在信託結束後，也同時可以發揮「照顧遺族」或「造福社會」的功用，以達到「先利己，後利人、利他」的三贏目的。

　　當然，老年安養信託也不是完全沒有缺點。缺點之一就是有些老年安養信託，都設有「信託最低門檻」的限制，以及「每年信託管理費」等成本。目前來說，最高的是 300 萬元，最多的是「50 萬元」，或是「沒有最低門檻限制」。

　　對於當事的委託人來說，門檻高低有好有壞，因為每年信託管理費，雖然都是按照「信託資產的一定比例」計算，但當信託資產過低時，銀行都有「最低收費金額」的下限（例如「每月不得低於 1,000 元」或「每年不得低於 36,000 元」等）。

　　如果信託資產過低，相對所收的信託手續費，就會變得更為昂貴。而當手續費過高時，也代表會「吃掉」委託人未來每期可領取的信託款項。以每年信託手續費 0.5%、每月最低不少於 1,000 元為例，代表信託資產要保持在 240 萬元以上，實際的手續費才不會高於 0.5%。

　　至於缺點二，則是「信託資產運用效率」的問題。因為信託契約成立後，受託機構（銀行）都是依照受託人的指示與運用信託資產。所以，

委託人所選擇的標的就顯得很重要。舉例來說，委託人可以選擇的標的有銀行定存、有價證券（例如上市公司股票、各種共同基金……）或不動產。假設以選擇銀行定存為例，在目前一年期定存利率只有1%來看，扣掉每年信託手續費0.5%後，收益率就只剩下0.5%。所以，除非原本準備的退休金夠多，再加上「選對標的」，也才有可能單靠老年安養信託，讓自己「活的久、領的多」。

熟悉信託運作的興中地政士事務所負責人陳坤涵表示，有關成立信託這件事，民眾可有以下兩大重點值得了解：

（1）信託成立後，信託資產的買賣是否固定不動，或是可以由信託受託人進行買賣決策？基於信託法契約自由的精神，雙方可以在信託契約裡特別註明：信託成立後，所有信託財產是否不再變動？還是可以交由指定的信託受託人（可以是金融機構的信託部門，或是由委託人所指定的受託人），進行買賣及投資運作？

當然，不變的原則是：以金融機構的信託部門為受託人為例，只要委託人要求受託人所從事的事情越多，其所收取的手續費等就會越多。由於每一家在「承做最低門檻」、「提供信託服務內容及收費」、「接受信託財產種類」、「終止信託的解約金收取」、「中途契約修改費用的收取」、「信託管理費最低收取金額」等都沒有公訂價格，所以，對此有興趣的民眾，可以自行一一打電話與各個，或是自己較常往來的金融機構信託部門詢價。

（2）信託契約不只可以在個人與金融機構的「信託部門」間訂立，個人與個人間，只要能找到值得信賴的人，也同樣可以簽定信

託契約。且就算信託契約沒有固定格式、沒有到法院公證，一樣具有法律效力。

　　也就是說，假設受託人沒有履行其應盡義務，而做出有害委託人權益的事，有相關權利的人（包括委託人、委託人法律上的遺產繼承人等）都可以向其提出訴訟。當然，為了避免受託人在信託期間「未善盡受託人義務」，陳坤涵建議這種私下簽訂的信託契約，可以再找一位信託監察人（最好是律師、會計師、代書等，當然，一般委託人信得過的人也可以），定期幫忙委託人了解信託財產運用狀況。

　　（圖2）是一般人辦理老人安養信託的流程。值得注意的是，信託受託人不限於金融機構（銀行信託部門），也可以委託個人，像是律師、會計師或親友。有業者認為，一般資產不多的族群，較適合直接委託銀行信託部門。但事實上，由於金融機構辦理的信託業務會有一定的承做門檻及手續費，所以，還是得要有一定資產的民眾，才適合採用這種老年安養信託（詳見表1）。

圖2、辦理老人安養信託流程

| 收集承辦業務銀行信託部門相關資料 | 洽商、研擬信託契約 | 簽訂信託契約 | 委託人交付信託財產 | 受託人（例如銀行）依委託人指示，進行信託財產的管理及運用 | 受託人依約定支付信託款項、定期製作報表；契約終止時，交付剩餘財產與製作結算報告書 |

表 1、兩種信託契約的優、缺點比較

	受託人為法人	受託人為個人
優點	委託人的財產完全移轉到受託人（金融機構信託部門），財產的安全性較高，且存續期間較個人長。	成本相對較低，因為只要找到專業且信得過的受託人及監察人，或許可以因為有私交（例如親人），而不用支付費用。
缺點	成本高，因委託金融機構辦理，必收一定的手續費。主要是簽約費、信託管理費（0.3%-0.6%）及規劃費，且有信託財產的最低門檻限制，因此，資產規模必須要有一定金額以上才划算。	1. 委託人的錢可能會被惡意拐走、不履行合約。 2. 個人壽命比法人短，契約很難長久並照顧到更多後代子孫。

選擇「分期給付」型保單

一般來說，信託可以設定存續期間，也可以不設定存續期間，如果自己用「每月從信託獲得一定信託利益」的方式，身後也可以繼續此一模式，讓繼承人按期領取信託利益，而不是一次繼承一大筆信託財產。

第二招，事前投保「分期給付」型的保險[2]。除了以上的老年安養信託之外，對於擔心自己老來被騙，或是家中長輩的財產，會被不肖的詐騙集團一次騙光的人，倒是可以透過「有分期保險給付」的保單，來避免以上的風險。

2．所謂「分期給付」型保單，是指被保險人在符合理賠定義與條件之下，保險公司會依照保單條款，分期給付保險金給「被保險人」。一般來說，只要沒有領取的限制，這種「分期給付」型保單，多半是「活的越久，領的越多」。

　但值得注意的是，近幾年國內壽險業推出一種「定期給付」型的壽險。這種「定的給付」型的壽險，有別於傳統終身壽險在被保險人身故後，採取「一次整筆金額給付保單受益人」的方式不同，而是可以將原本一整筆保險金，「定期」給付給保單受益人。

　也就是說，「分期給付」型保單，領到保險金的是「被保險人」，而「定期給付」型保單（壽險），領到保險金的是「保單受益人」，兩者的受領人完全不同。

簡單來說，這種「分期給付」型的保單還不少，像是原本就有「定期保險金」給付的終身還本壽險、年金險，或是「類長照」保單的長期照護保險、失能險等，原本保單的設計，就是定期提供被保險人一定金額的保險金，以支付固定的生活費，以及各項長期照護或機構的費用等。

假設保戶還是擔心這筆定期給付的保險金，也可能遭到親友的挪用，並沒有真正用在自己身上，統一保經總經理徐采繁就建議，先向銀行辦理保險金信託，再透過保單的「契約變更書」加一項「批註」，把保險給付支付給信託專戶，再將受益人改為受益人名字的信託專戶。

第三招則是**透過「監護宣告」制度**。根據《民法》第14條及第15之一的相關規定：「法院得因本人、配偶、四親等內之親屬、最近一年有同居事實之其他親屬、檢查官、主管機關或社會福利機構之聲請，為監護或輔助宣告」。

至於「誰能夠擔任監護人」？依據《民法》第1111條的規定，過去成年人的監護人選定，只限於「配偶、四親等內之親屬、最近一年有同居事實之其他親屬、檢察官、主管機關、社會福利機構或其他適當之人」。也就是說，如果獨居又與家人從無往來的高齡者，一旦失去行為能力之後，就只有「檢察官、主管機關、社會福利機構」這三種人，有資格幫當事人申請監護宣告。且依《民法》第1111條之二的規定「照護受監護宣告之人之法人或機構及其代表人、負責人，或與該法人或機構有僱傭、委任或其他類似關係之人」，也全都「不能為該受監護宣告之人之監護人」。

正因為如此，再加上我國多數高齡者的財產管理與生活照護多由家人處理，所以法院在實務上幾乎有超過90％，會選擇高齡者的子女或親屬來擔任其監護人。只不過根據信託公會理事長雷仲達的說法，有些親屬監護人未必善於財產管理，或是熟知監護人的職責倫理，甚至擅自將受監護人的財產挪為己用，並不能真正保護受監護人權利。

然而在2019年5月24日立法院三讀通過「民法部分條文修正草案」（意定監護）之後，主管機關的法務部表示，《民法》新增的「意定監護」條文（第1113條之2至9）可以使我國成年監護制度在原有「法定監護制度」外，更加完善及尊重當事人的意願，達成「自己的監護人自己選」目標。

總的來說，不論是老年安養信託、有「定期給付」型的保單，以及向法院申請監護宣告、意定監護宣告這四種方式，可以說是準備退休的民眾，避免好不容易存夠的養老金，遭人騙取、被不當挪用，或因生病或意外，發生無法自行管理財產等狀況的最佳解決之道。然而這四種方式，也是各有優、缺點（詳見表3），值得讀者依據自身資產的多少與需求而採用。（詳見圖3、圖4、表2）。

圖 3、意定監護的重要規定

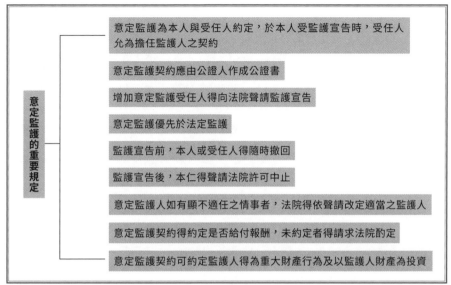

意定監護的重要規定
- 意定監護為本人與受任人約定，於本人受監護宣告時，受任人允為擔任監護人之契約
- 意定監護契約應由公證人作成公證書
- 增加意定監護受任人得向法院聲請監護宣告
- 意定監護優先於法定監護
- 監護宣告前，本人或受任人得隨時撤回
- 監護宣告後，本仁得聲請法院許可中止
- 意定監護人如有顯不適任之情事者，法院得依聲請改定適當之監護人
- 意定監護契約得約定是否給付報酬，未約定者得請求法院酌定
- 意定監護契約可約定監護人得為重大財產行為及以監護人財產為投資

資料來源：法務部

圖 4、意定監護怎麼做？

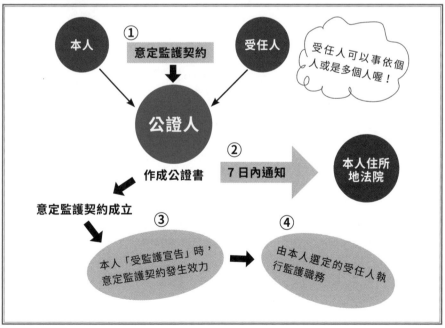

資料來源：法務部

表 2、意定監護 vs. 法定監護

編號	項目	意定監護制度	法定監護制度
1.	監護人之產生	本人意思能力尚健全時,由本人與受任人約定,於本人受監護宣告時,由受任人擔任其監護人(第 1113 條之 2)。	本人喪失意思能力而受監護宣告時,由法院依職權為監護人之選定(第 1111 條)。
2.	監護人之人選	不限於《民法》第 1111 條所定範圍內之人選(第 1113 條之 2)。	限於《民法》第 1111 條所定範圍內之人。法院就配偶、四親等內之親屬、最近一年有同居事時之其他親屬、主管機關、社會福利機構或其他適當之人選定(第 1111 條)。
3.	監護人之執行職務	意定監護契約之受任人得為一人或數人;其為數人者,除約定為分別執行職務外,應共同執行職務(第 1113 條之 2)。	法院選定數人為監護人時,得依職權指定期共同或分別執行職務之範圍(第 1112 條之 1)。
4.	監護人之報酬	意定監護契約得約定報酬或約定不給予報酬,未約定者,監護人得請求法院按其勞力及受監護人之實力酌定之(第 1113 條之 7)。	監護人得請求報酬,其數額由法院按其勞力及受監護人之實力酌定之(第 1113 條準用第 1104 條)。
5.	監護人處分財產之限制	意定監護契約可約定受任人執行監護職務不受《民法》第 1101 條第 2 項及第 3 項之限制(第 1113 條之 9)。	監護人處分財產受《民法》第 1101 條第 2 項及第 3 項之限制。代理受監護人購置或處分不動產或居住之建築物或其基地出租,供他人使用或終止租賃下列行為非經法院許可,不生效力。不得以受監護人之財產為投資(第 1113 條準用第 1101 條)。

資料來源:法務部

表 3、老年安養信託、有分期給付型的保險，以及監護宣告的比較

	（老人）安養信託	投保「分期給付」保單	申請法定監護宣告	申請意定監護宣告
採用時間點	一般金融機構的老年安養信託，申辦者差不多要 55 歲以上。	任何時間均可投保（需符合保險公司承保年齡及體況）	必須符合《民法》所定的「無行為能力」才能申請。	在當事人意思還算健全前，就按自己的意思選任監護人。
承作門檻及相關費用	有	各保單有最低承保金額，但沒有額外費用成本。	申請費 1,000 元、醫院鑑定費約數千元。	
申辦難易度	簡單	簡單	較為複雜，須向法院遞狀、經過法院開停、醫院鑑定及選任監護人等流程。	意定監護契約必須由公證人作成公證書，並在 7 日內通知當事人住所的地方法院，有一定的申辦流程。

金融機構的「方便」，不可不慎

正由於年齡越大，對於金錢的管理就更顯困難，再加上金融服務的便利與安全性，總是處於天平的兩個極端，而沒有辦法有更好的平衡點。所以，個人才會建議讀者，雖然離退休還有一段時間，但都該及早有以下的因應想法與措施：

（1）儘量與金融機構談好一定的遊戲規則。先以銀行為例的可用做法包括：除非本人親自前往辦理，否則絕不開立網路銀行，或可以由客戶設定連續轉帳的不同金額上限等約定。當然，由於身分證件可以被非常完美地盜用或偽造，印章也只要辦個手續，就可以輕鬆更換，未來，銀行恐怕也必須借重客戶影像或指紋、新型的生物辨識方式才行。

另外在金融卡與信用卡方面，信用卡可以讓使用者自行約定及降低信用額度，也有設定大筆銷費金額，會以電話簡訊通知等防止盜刷的服務。但金融卡部分，雖然在 ATM 上提領及轉帳，都有每日最高上限的規定。只不過，似乎都是統一標準，無法按照個人需求設定。因此這部分，未來應該讓客戶有空間設定才是。

而除了銀行之外，過去券商的傳統下單，買賣過程都會經過電話錄音，並確定是本人親自指示。所以，傳統通路的問題比較不大，反倒在於網路下單的機制，如何能在方便快速與安全性間取得平衡？

至於保險公司，雖然也有保險金信託的服務，或是，有的產品乾脆就將原本一筆給付的保險金，採用「年金」化的給付方式（主要是

年金險或失能扶助險、長照險等）。只不過，以目前的發放方式，頂多只是匯到保戶所指定的戶頭，至於這筆錢被用在何處？是否真的需要這筆錢的當事人，則到目前為止，並沒有認真地確認及提供服務。但真要細究起來，這部分細膩化的服務，也才是被保險人真正所需要保險公司提供的項目。

（2）**沒有必要，別在不同銀行開太多帳戶**。因為一來，太多帳戶就會造成許多鮮少交易的「類似靜止戶（一般來說，超過一年沒有存提款，或存款金額在一定水準以下，就會被銀行列為「靜止戶」）」。二來，特別在負利率之下，未來銀行就算不收客戶「利息」，也可能會提高「靜止戶」或「帳戶管理費」的門檻。一旦將帳戶進行縮減，就比較不會面臨手續費增加，進一步侵蝕早已微薄利息的境界。

那麼，到底要保留多少的帳戶才合理呢？根據個人經驗，至少保留「薪資轉帳戶（退休或換工作後，這個帳戶就馬上結束並清空，以免日後忘記）」、「退休規劃帳戶（專門擺放投資獲利後的盈餘，並完全不辦任何可以方便提款的金融卡或網路銀行業務）」、「專門投資帳戶（做為支付投資款項的帳戶，也可以與「家用帳戶」或「薪資轉帳戶」結合）」，以及「家用帳戶（專門支付水電瓦斯、房租、信用卡等費用的帳戶，可與「薪資轉帳戶」結合）」，應該就差不多了。

（3）**將多個帳戶進行集中管理**。特別自己年紀越來越大時，如果沒有做好「總歸戶」或「總整理」的工作，很可能衍生出不必要的困擾，甚至是無法預期的風險（例如上面提到的，許久未用過的帳戶，就被有心人鎖定）。

遺贈稅預做規劃，
一節稅，二免子女爭產

年屆五十這個階段，妳可能會由父母這邊繼承到遺產，也有可能是自己累積了不少資產，想轉移給子女。若想要以最低的稅負，進行財富的移轉，那麼，不管是遺產稅或贈與稅，我建議處在 50 歲這個階段的讀者們，不妨提早進行了解與規劃。

記得之前有看過一位經手過非常多場葬禮的殯葬業者表示，在看盡人生百態之後，他非常能體會要提早進行財產分配的重要性。當然，遺產可以在被繼承人（例如父母）生前，就開始進行移轉，不僅具有一定的節稅效果，也能避免多位繼承之間的紛爭。只不過，「生前移轉財產」一旦處理不當，既有可能節稅不成反被罰款，也可能因為財產移轉給不肖子女，反而造成自己變成「被棄養」的對象。所以，都有必要提前了解正確的遺產稅規劃的重點。

簡單來說，遺產稅節稅規劃方式，總共以以下三種為主，分別是生前贈與、死後繼承與買保險。有關第三種方式（買保險），我會在「用保險節稅要注意的眉角」中詳細討論。這裡，就先只談前兩種方式：生前贈與及死後繼承。

說到底，民眾適合採取「生前贈與」或「死後繼承」中的哪一種，其實可以參考以下兩大評量的指標：

首先，**會與「人性考量」有關**。因為，雖然透過身前贈與方式，有一定的免稅額可以進行節稅規劃。但要提醒讀者的是：提前贈與，除非採取一定的法律行動（例如向法院提出訴訟），否則，雖然可以減免一些稅負，但可能是「送出去，就要不回」了！特別是看在精通稅法的專家眼裡，父母們選擇在「生前」，就處理掉所有財產，也並不是那麼全然順心如意及無風險。因為其一，**太早將財產給孩子，通常只會引起紛爭**。就算是將現金，平均分配給所有子女，也會有人覺得不公平。因為，總會有人說：「我照顧的時間與心力比較多，不應該分到的跟其他人一樣的金額。」

其二，**太早將財產贈與給子女，可能讓自己面臨被掃地出門的境地**。一直以來，媒體社會版面就不缺類似的新聞：子女在提早拿到父母的財產之後，因為已經「喪失了所有的利用價值」，就把父母遺棄。就算有些個案，還能夠經由法律訴訟的管道，將財產重新奪回。但是，曠日廢時不說，當父母已經失能或失智時，誰有那個時間與精力，能與子女對簿公堂？

選擇「生前贈與」或「死後繼承」的第二個指標，就是依實際

試算出的「稅負高低」進行估算。儘管遺產稅及贈與稅稅率，都有經過修法，且都在 2017 年 5 月 12 日之後開始適用。但兩者同一稅率的「淨額」計算不同（詳見表 1）。

表 1、遺產與贈與稅課稅級

淨額	贈與稅	遺產稅
1 億元以上	全部適用 20%稅率（375 萬元）	適用 20%稅率（750 萬元）
5,000 萬元～ 1 億元		適用 15%稅率（250 萬元）
2,500～ 5,000 萬元	適用 15%稅率（125 萬元）	適用 10%稅率（0）
2,500 萬元以下	適用 10%稅率（0）	

說明：括弧內為該稅率的「累進差額」
資料來源：興中地政士事務所負責人陳坤涵

「生前贈與」VS.「死後繼承」

從以上表格可以看出，在同等「淨額」之下，由於贈與稅的稅負較重、遺產稅的稅負較輕，因此，採取「死後繼承」的方式，理論上會比「生前贈與」要來得「划算（具節稅效果）」一些。

當然，由於贈與稅與遺產稅可扣除的「免稅額」及「扣除額」都不同（詳見表 2），再加上贈與稅採「分年贈與」的方式可以拉高免稅的空間。所以，當事人應該「生前贈與」或是「死後繼承」，都應該隨時透過實際的試算，才能得出「最適解」，也就是最適合採取的方式。

表 2、贈與稅及遺產稅的「免稅額」及「扣除額」

	遺產稅	贈與稅
納稅義務人	有遺囑執行人時為「遺囑執行人」；沒有時，則為「繼承人及受遺贈人」；沒有遺囑執行人及繼承人時，則為「依法選定遺產管理人」。[1]	贈與人
課稅公式	所有遺產—不計入遺產總額＝遺產總額 遺產總額—免稅額—扣除額＝遺產淨額 遺產淨額 X 稅率—累進差額＝應納稅額	贈與總額—免稅額—扣除額＝贈與淨額 贈與淨額 X 稅率—累進差額＝應納稅額
免稅額	1200 萬元，如果是軍警公教因執行公務死亡，則加倍計算。	每位納稅義務人每年 220 萬元
扣除額	・配偶扣除額：493 萬元 ・直系血親卑親屬扣除額：每人 50 萬元；未滿 20 歲時，每年加扣 50 萬元，直到 20 歲滿為止（不足一年以一年計算）。 ・父母扣除額：每人 123 萬元（拋棄繼承不得扣除） ・身心障礙特別扣除額（只限被繼承人之配偶、父母及直系血親卑親屬）：每人 618 萬元 ・喪葬費扣除額：123 萬元 ・執行遺囑管理遺產扣除額：只限直接且必要費 ・日常生活必需品：89 萬元	1. 受贈人繳納的土地增值稅及契約 2. 贈與附有負擔與受贈人負擔部分 3. 公共設施保留地
須列入財產	被繼承人死亡前 2 年內，贈與給被繼承人的配偶、《民法》第 1138 及 1140 條的各順位繼承人，以及其配偶的個人財產。	不動產（土地、房屋）、動產（股票、存款、現金……）、一切有財產價值的權利（如抵押權、地上權、農育權、債權、保險利益、信託利益等），以及國稅局所認定的「視同贈與」。
可不列入計算項目	符合「快速繼承減免規定」、死亡前未納稅捐、未償債務、被繼承人以自己為要保人及被保險人，所投保的人壽保險身故保險金。	夫妻依離婚協議或法院判決，而給付另一方的財產，非屬贈與行為，既不課贈與稅，也不用計入個人綜合所得中課稅。

1・《民法》第 1138 及 1140 條規定，繼承人是接收遺產的人；被繼承人是死後留下遺產的人；贈與人是送財產給他人的人！

表 3、生前贈與及死後繼承的優、缺點比較

	定義	優點	缺點
生前贈與	生前，就將財產贈與給子女，並且將財產登記在子女名下。	1. 如果妥善運用每年贈與稅的免稅額，可以享受免贈與稅的好處。 2. 讓子女提早有購屋或創業基金	1. 可能要擔心財產移轉及過戶給子女後，子女變得不孝，讓自己晚年失去老本的依靠。 2. 如果子女管理財產的能力不佳，財產有可能落入他人手中。 3. 子女獲得財產之後，失去奮鬥的意志或任意揮霍毫不費力得來的財產。
身後繼承	在財產所有人去世後，才將財產移轉給繼承人。	1. 至少可以避免以上「生前贈與」的各種缺點。 2. 可以採用「遺囑」的方式，根據子女的孝心及能力來分配遺產，而不是「均分」遺產。	一般動產（例如現金、存款、上市、櫃股票、各式有價證券等）比較容易「分割」處理；但如果是不動產，就必須出售後轉為現金，較容易均分。

資料來源：彙整自《信託節稅規劃》p.80～p.91

　　在進行遺產稅規劃之際，最務實的做法就是拿「生前贈與」及「死後繼承」的公式進行試算，並且採用「最節稅」的那一個方法因應之。但是，我要在此提醒讀者的是：**相關遺贈稅法常常在變，所以，以上的「試算」，應該是一個必須時常進行的動態決策過程，絕不能只在一次的計算比較及決定之後，就此「萬年不變」。**

　　實際以現行的遺產稅的計算方式為例，如果當事人留有一配偶及兩位已成年子女，光是「免稅額」、「配偶扣除額」、「直系血親卑親屬扣除額」及「喪葬費扣除額」，就可以從遺產總額中，扣掉近 2,000 萬元（免稅額 1,200 萬元、配偶 493 萬元、兩位已成年子女各 50 萬元、喪葬費扣除額 123 萬元，共計 1916 萬元）的免稅額與扣除額。且遺產淨額要超過 1 億元，才會被課徵最高 20% 的遺產稅，

所以，稅負其實並沒有一般人想像的那麼重。

但是，根據行政院主計處「民國105年國富統計年報」的資料顯示，截至 2016 年底，國人平均每戶資產負債中，淨額最高的前 4 項依序是「房地產（土地按市價重評價之後為 551 萬元）」、「人壽保險準備及退休基金準備（259 萬元）、「有價證券（205 萬元）」、「國內定期及外匯存款（190 萬元）」及「現金與活期性存款（164 萬元）」。因此，房地產也成為民眾節遺產稅時，最優先考慮的移轉標的。

由於生前贈與，不但可以節掉子女事後繼承的贈與稅，且可以透過每年免稅額及分年贈與的方式，連贈與稅都不用繳。所以特別是在資產價格較高的房地產部分，被許多想要「遺愛子女」的父母們採用。

但是，父母們喜歡採用，不代表這種方式是「最佳解」。因為除了前面提到的「人性」問題外，相關稅負的優、缺點，也應該要一併考慮。就以房地產移轉為例，採取「生前贈與」或「身後繼承」的方式，其在移轉稅負及可搭配做法上，就可以有許多不同的組合（詳見表4）。

表 4、不動產傳承方式

不動產傳承方式	轉移稅負	分析重點
生前贈與	・贈與稅以時價課徵 10% ・土增稅以土地漲價數額課徵 20～40%	・每年免稅額 220 萬元 ・善用分年贈與
生前二親等買賣	・綜所稅以財產交易所得房屋課徵 5～40% ・土增稅以土地漲價總數額，自用 10% 或 20～40%	・透過現金贈與，為子女預備自用現金。 ・使用保險、基金替子女的錢創造穩定報酬。
身後繼承	遺產稅以時價課徵 10% 稅負	透過設立遺囑安排繼承對象，並運用保險替二代做好預留稅源準備。

資料來源：中國信託

然而，稅務專家不忘再三提醒想要贈與房產給子女，又有節稅需求的民眾，在房地合一稅從 2016 年 1 月 1 日開始實施之後，透過「贈與房屋節稅」這一招，已經行不通了。反倒是直接用「現金」贈與給子女，再以子女名字購買不動產，可能會比直接贈與房產更為有利。依照現行規定，只要是贈與或是繼承取得不動產，之後要買賣移轉，在成本認定上都是用「房屋 + 土地的公告現值」。正因為「房屋及土地公告現值」的價格遠低於市價，所以如果未來用市價出售，扣掉超低成本，就會出現超高交易稅。

　　然而，以上的說法也並非絕對。例如興中地政士事務所負責人陳坤涵就表示，假設父母贈與不動產給子女，子女未來也「永遠不賣」，就根本不會有「房地合一稅」的問題。

　　又或是子女受贈父母的不動產之後，持有超過 10 年以上才賣，可以享有 15% 的最低稅負；另外，子女受贈房地後，如果符合自住房地的規定，日後出售，盈餘部分可享有 400 萬元的免稅額，多出的部分還可以享有 10% 的優惠稅率課徵房地合一交易所得稅；再例如，子女把父母贈與的自住房子賣掉後，再度購買自住房地，只要買價大於賣屋的價格，一樣能享有「重購退稅」的優惠……。所以，陳坤涵才不忘再三強調「事前進行節稅規劃」的重要性。

　　當然，在「避免生前將資產移轉，以免子女不肖」的方式之外，也還有不少可以節稅的方法，例如成立投資公司、成立公益信託或基金會等。但多數都因為必須由專業人士「客製化」、費用不便宜，幾乎是非常有錢的人才適合採用。所以，我個人認為最為「平民化」且

「費用低廉」的方式，就是「購買保單」。有關這部分，我將會在後面篇章進行詳細的解說。

　　不過，我最後還是要奉勸深愛子女的母親們，每一個人都該為自己的人生奮鬥，而父母能把子女撫養成人，並且完成基礎的學業與教育，就已經是盡到了該有的本份了。剩下來的，應該是由子女們自己去努力打拼取得。

　　這是因為留給子女的財富越多，當子女覺得「錢獲得的太過容易」時，反而就喪失了靠自己努力的求生本能，如此一來，反而是害了子女，而不是在幫助他們。自己這一輩子辛苦努力把子女養大、照顧好父母，等於已經盡了此生應盡的責任，剩下來的錢，應該全都花在自己身上，做為此生辛勤工作的該得回報。就算錢花不完，我還是非常推薦個人最喜歡的明星周潤發先生的做法，把所有身後的財產，全捐給慈善團體。

　　理由很簡單，此生之所以能夠賺到這麼多的財產，自己的努力當然佔有一定的份量，但是，正是這社會上眾人的幫助，也才是能夠成就自己財富的重要推手。因此，取之於社會並回饋給社會，是再自然不過且合理的事啊！

偏心不是不可以，
只是手段要高明

　　一談到「節稅」規劃，不少人第一個想到的理財商品，應該就是「保險」了。然而，不論是一般民眾或部分保險業務員，常會對保險節稅產生一些似是而非的觀念。

　　這是因為節稅的議題相當龐雜，所牽涉的相關法律又多，所以，真正可節的稅，必須是在「某些前提之下」才算正確。以下，就綜合統整相關的稅法規定，一次向讀者說明清楚。以免保戶想節稅不成，反而要補稅，甚至是罰款。

　　首先，是有關「**依保險法，不列入遺產中計算**」的規定。因為依照《保險法》第112條的規定：「保險金額約定於被保險人死亡時給付於其所指定之受益人者，其金額不得作為被保險人之遺產」。只不過，這一條文常被一般民眾所誤解。因為，依照這一條得以節

稅的重點必須符合以下的規範：

一、身故（死亡）的人必須是「被保險人」，而不是「要保人」。 假設死亡的人是要保人，由於保單價值準備金是屬於「要保人」所擁有，當要保人身故時，這筆錢還是要列入當事人的遺產中計算，並無法享有任何節稅效果的。

二、要保人有「指定受益人」。 也就是說，如果要保人在保單裡「受益人」一欄中空白，就完全無法享有「死亡給付不列入被保險人遺產中計算」的好處。所以，要保人在投保時，一定要在「受益人」欄「指名某一人或幾人」，或是直接寫「法定繼承人」，才能夠符合並享有一定的保險節稅效果。

三、保單必須是經金管會核准的保單。 很多人誤以為只要是保單就可以省遺產稅，但事實上，只要是未經金管會核准的外國保險公司人壽保險，就無法依不計入遺產總額，保險給付仍需計入被繼承人的遺產，課徵遺產稅。

順便一提的是：根據稅務專家的說法，境外保單將來也屬「全球版肥咖」──CRS 規範要揭露最終受益人身分的範圍，恐難隱藏而衍生未在預期範圍內的稅負成本。

其次，是與「**個人最低稅負制**」有關的規定。因為依照《基本稅額條例》第 12 條第一項第 2 款的規定，特殊條件的保險給付，必需計徵基本稅額。而其重點有以下三項：

（1）受益人 ≠ 要保人。

（2）只限年金險與人壽保險。

（3）每一申報戶全年死亡給付超過 3,330 萬元以上，才需計入課徵。

也就是說，如果保戶所買的保單是「年金險與人壽保險」、「受益人 ≠ 要保人」，且「每一申報戶全年死亡給付超過 3,330 萬元以上」，就符合「最低稅負制」的課稅規定。

表 1、誤設被保險人及受益人，用保險節遺產稅可能衍生的其他稅負

	組合一	組合二	組合三
生前贈與	被繼承人（父母）	被繼承人（父母）	繼承人（子女）
被保險人	繼承人（子女）	被繼承人（父母）	被繼承人（父母）
生存受益人	被繼承人（父母）	繼承人（子女）	繼承人（子女）
死亡受益人	被繼承人（父母）	繼承人（子女）	繼承人（子女）
可能稅負	遺產稅	贈與稅、最低稅負	幫繼承人（子女）購買保險的保費，如果超過贈與稅的免稅額，將會有贈與稅問題

資料來源：《寫給金融業高資產客戶經理的第一本稅務書》p.188

第三，個人綜合所得稅的「**列舉扣除額**」規定。依照現行《所得稅法》的相關規定，每一申報戶內每人每年有 2.4 萬元保費的「列舉扣除額」可以運用，以降低所得稅負擔。不過在節稅的運用上，就只限於以下的條件才行：

（1）有特定「險種」的限制。只限「人身保險（包括壽險、健康險、傷害險、年金險、旅平險）」、「勞工保險」、「國民年金保險」、「全民健保」與「軍公教保險」5 項，並不包括各種「產業保險」，像是車險、住宅火險等。

（2）可列舉扣除的人，只限於「納稅義務人」、「配偶」或「受扶養直系親屬」。至於其他「旁系親屬（例如兄弟姐妹）」、「非撫養親屬（例如子女已成年，且已獨立報稅）」或「要保人與被保險人非同一申報戶」的保險費，都不得列舉扣除。

（3）同樣只限於「核准銷售保單」。這裡所指的商業人身保險，只限於「合法保單」，假設是政府未核准的地下保單或境外保單，都不能列報扣抵保險費。

最後，還要符合財政部「實質課稅原則」的規範。事實上，就算投保的保戶，能夠順利掌握以上的節稅關鍵，一旦違反了財政部「實質課稅原則」，之前為節稅而買的保單，都將「通通失去節稅功效」。

「保險實質課稅」的八大樣態

根據財政部在民國 102 年 1 月 18 日所公佈的「財稅字第10200501712號函」內容，已詳列出「保險實質課稅」的八大樣態如下：

（1）身故前密集投保

（2）鉅額投保

（3）躉繳保費

（4）短期密集投保

（5）保險給付相當或低於已繳保費

（6）重病投保

（7）高齡投保

（8）舉債投保

　　也許讀者看了以上八大樣態，立刻會有滿滿的疑問：所謂的「短期」、「密集」與「鉅額」規定，是否有一定的數字標準？很抱歉，以上的「短期」、「密集」與「鉅額」的認定，主要還是在國稅局，但一般來說，被繼承人身故前 2 年所買的保單，還是要被列入被繼承人的遺產中計算。

　　不過，儘管「用保險節稅」有其限制性，但是在眾多金融投資理財商品中，保險仍有以下兩大功能，是其他商品所無法比擬的。**首先的第一大功能，就是「視同可隨時動用的現金，以便用來繳交遺產稅」。**

　　因為根據現行《遺贈稅法》的相關規定，繼承人必須在最多 9 個月內（一般來說，遺產稅的稅納稅義務人在具有正當理由不能如期申報時，可以在申報期限屆滿，也就是被繼承人死亡次日起 6 個月內之前，以「書面」申請延長。但由於延長期限只以 3 個月為限，也就是總共有 9 個月的緩衝期間），繳清這筆遺產稅，否則，被繼承人的所有財產都不能動用。

　　簡單來說，除非繼承人本身就有滿多的現金，不然，就得先變賣自己其他的資產來繳稅。然而，不動產想要快速變現，價錢勢必不好。而且，雖然依照新的辦法，當繼承人手邊沒有大筆現金時，如果繼承人希望以被繼承人存放在金融機構的存款，繳納遺產稅，可以向稽徵機關申請（處理原則是採多數決；只要繼承人過半數且這些繼承人應繼分合計超過半數，或者繼承人的應繼分合計超過三分之二同意，就可申請辦理）。但是，以上做法的前提還必須是：金融機構裡有被繼

承人名下的存款。

特別是現階段銀行存款利息極低，每年利息收入一旦超過 27 萬元，又要併入隔年個人綜合所得稅中課稅。所以，很少有有錢人，會預先在銀行中擺放大量無法節稅，利息又低的存款現金。

面臨繳交大筆遺產稅、手邊需要立即可動用的現金之際，也只有按照《保險法》第 112 條「保險金額約定於被保險人死亡時，給付於其所指定之受益人者，其金額不得作為被保險人遺產」的保險理賠金，由於不被列入遺產，也就可以拿這筆錢，來支付龐大金額的遺產稅。

「保險」優於其他金融商品的原因

至於保險優於其他金融投資理財商品的另一大功能，就是「可以避開民法『特留分』的問題」。關於這點，我在另一篇「預先寫好遺囑、臨終筆記，並事先妥善處理好遺物及遺書」中，有提到被繼承人（例如父母）想要多留一點財產某一位子女，只要在「不違反法律『特留分』」的前提下，都可以「偏心」地將較多的財產，分給「自己偏愛」的某一位子女。但是，被繼承人（例如父母）就算想將全部財產，分給某一個子女，在現有法律限制下，仍然無法如願。

然而，如果透過「保險」來進行，就比較沒有以上的顧慮與限制了。因為當父母想要多分一點財產，透過保險規劃的方式，是很容易避開「民法特留份」的問題。而《民法》中有關「應繼分」與「特留分」的規定，分別是第 1144 條與第 1223 條。其中的「應繼分」是指：按

照繼承人的人數計算，每個人可以獲得遺產的比例（詳見表2）。

表2、《民法》第1144條對於遺產「應繼分」的規定

	其他繼承人	應繼分處理方式	以遺產 1,200 萬元為例
配偶	第一順位（直系血親卑親屬）	配偶與第一順位繼承人平分	如果總共2人，則每人應繼分為600萬元；如果總共有3人，則每人應繼分為400萬元；如果總共有4人，則每人應繼分為300萬元。
	第二（父母）及第三（兄弟姐妹）順位	配偶與其他順位繼承人應繼分各1/2	如果是配偶＋父及母共3人，則配偶的應繼分為600萬元、父母各300萬元；如果是配偶＋兄弟姐妹共5人，則配偶的應繼分為600萬元、兄弟姐妹4人各150萬元。
	第四順位（祖父母）	配偶的應繼分為2/3，其他順位繼承人應繼分為1/3	如果是配偶＋祖父母共3人，則配偶應繼分為800萬元、祖父及祖母各分200萬元。
	無第一至第三順位	配偶獨享所有全部遺產	配偶獨得 1,200 萬元遺產

資料來源：《民法》第 1144 條

　　至於「特留分」，則是法律所設計出來，對遺產繼承人的最低保障。目前除了父母（第二順位）及兄弟姊妹（第三順位）繼承人的特留分，是應繼分的三分之一外，其餘特留分是應繼份的一半（詳見表3）。

表 3、繼承人的應繼分與特留分

繼承順序	定義	特留分
具有「相互繼承遺產權利者」	配偶	應繼分 1/2
第一順序	直系血親卑親屬	應繼分 1/2
第二順序	父母	應繼分 1/2
第三順序	兄弟姊妹	應繼分 1/3
第四順序	祖父母	應繼分 1/3

資料來源：《民法》第 1223 條

　　儘管在「手心、手背都是肉」的前提下，父母對於子女的「愛」，理當是公平及無差別的。但事實上，就是有父母會特別「鍾愛」眾多子女中的某一位；或者，因為某一位子女在經濟上較為弱勢，或是生理上留有一些缺憾，想要多留一點財產給他（她）。但受限於《民法》針對每一順位的繼承人，提供「特留分」的規定之下，以上的做法常常會因此而無法實現。

　　這個時候，直接由父母購買「以自己為被保險人、想要多給一些錢的子女為受益人」的人壽保險。由於保險理賠金依法，不用納入被保險人（也就是被繼承人的父母）的遺產總額中計算，父母想要多照顧的子女，也可以因為領到一筆「身故保險金」，而形同「多領了一些遺產」。

　　而更重要的是：**透過「購買壽險」的方式，被繼承人（例如父母）也不必擔心分完遺產後，子女因為已經達到目的，而完全不照顧父母**。老實說，像這樣「遺產分完後，子女就立刻拋棄父母」的新聞，一直都是媒體社會版中層出不窮的案例。

　　追根究底其原因，不排除是因為財產已經順利移轉給了子女，年邁

又可能花費甚多的父母，早就失去了「可利用價值」的關係。儘管《民法》第1145條，有特別規定「繼承人喪失其繼承權」的條件，但除非被繼承人（父母）透過法律訴訟的程序「要回原有遺產」，不但可能曠日廢時，也可能因為當事人（父母）已經失能或失智，而完全無法逆轉既有的事實。

總而言之，如果不想只為了節稅，而提早把財產轉給子女，讓自己提早成為「棄父、棄母」，透過「保險規劃」及「信託」的方式，或許可以同時達到節稅與避免不肖子孫產生的問題。

—— 幸福調味料 ——

《民法》中有關於「繼承權喪失之事由」規定

《民法》第1145條，有下列各款情事之一者，喪失其繼承權：

(1) 故意致被繼承人或應繼承人於死或雖未致死因而受刑之宣告者。

(2) 以詐欺或脅迫使被繼承人為關於繼承之遺囑，或使其撤回或變更之者。

(3) 以詐欺或脅迫妨害被繼承人為關於繼承之遺囑，或妨害其撤回或變更之者。

(4) 偽造、變造、隱匿或湮滅被繼承人關於繼承之遺囑者。

(5) 對於被繼承人有重大之虐待或侮辱情事，經被繼承人表示其不得繼承者。 前項第二款至第四款之規定，如經被繼承人宥恕者，其繼承權不喪失。

備妥遺囑、臨終筆記，
避免日後紛爭

在做好風險規劃、投資理配置與各種節稅規劃之後，我認為還有三大重點，是值得已滿 50 歲的族群，應該要思考及處理的，那就是「撰寫遺囑」、「寫臨終筆記」，以及「妥善處理好自己的遺物與遺書」。

重點一、撰寫「遺囑」

「對身後之事完全沒有任何指望，甚至覺得連葬禮都可以免了」的《熟年的才情》作者曾野綾子認為，人如果不慎留下財產，遺族可要費心了。什麼都不留，對孩子是最好的。因為，「沒有比後代子孫，圍著財產爭奪更可悲的事了」，她說。

另外在《不要留遺產給孩子》一書中，作者山田美智子就引用日本

高橋法彥律師的說法，最容易發生遺產繼承糾紛，是以下這三項條件同時發生時才會出現的情況：「有兩個以上的孩子」、「金融資產過少」及「擁有不動產」。

這是因為不動產是「很難分割」的遺產，雖然不動產可以賣掉，換成現金來分配。但是，如果是「難賣的不動產」，要變現恐怕就很困難了。這個時候，最好的處理方式，就是在「遺囑」中，清楚列出遺產的分割（配）方式。不過，有些話要先說清楚嘍，我這建議不是要觸妳的楣頭，而是因為天有不測風雲、人有旦夕禍福，誰都不會知道明天與意外，哪一個會提早到。而且說實話，我自己的遺囑也早就寫好了！

理由很簡單，寫遺囑不單是為了「分財產之用」，而更包括在其中交待好自己希望的「身後事處理方式」。特別是說，就算我的「現金或不動產」沒有多少，也不能把處理身後事的爛攤子，丟給親朋好友。講現實一些，妳這麼長的時間都不曾跟這些親朋好友打交道、建立起深厚的關係，憑什麼要他們在妳身後「無償處理」後事？

如果讀者不健忘的話，應該記得 2016 年年初時，長榮集團創辦人張榮發的遺囑曝光之後，卻意外掀開大房、二房與子女們的爭產風波。儘管一般民眾的資產，沒有這些大財團老闆們雄厚，但天下父母們如果希望自己在百年之後，子孫們都能照著自己的意願處理財產或相關事務，預立遺囑恐怕是最佳解決之道。因此簡單來說，遺囑有以下幾個重要功能：

首先，**可以透過遺囑的方式，交待身後財產的分配。**儘管民法中有關於遺產「應繼分」與「特留分」的規定，但在遺囑中，妳大可不必

管這些問題，想把所有財產分給誰，都可以在遺囑中直接寫出，完全沒有忌諱，也可以不管《民法》中的遺產繼承順序，且只要遺囑是妳親筆所寫，甚至是經過法院公證人的公證，就具有一定的法律地位，只要不侵害到繼承人的特留分，就讓妳的遺產能百分之百按照妳的意思辦理。

正因為遺囑具有一定的法律地位，所以，妳大可把所有資產，按照妳想要的意思進行分配。舉例來說，可以把動產給某一位親人，而把不動產分給另一位子女，甚至，妳可以把所有資產，全捐給慈善公益團體。

但要注意的是，雖然立遺囑的人可以在遺囑中，隨意指定各繼承人的分配比例及方式，但是在訂遺囑時，有一個很重要的原則是：不可以侵害繼承人的「特留分」（詳見表1）。也就是說，只要在「不違反特留分」的範圍內，遺囑都是有效的；至於違反特留分的部分，受侵害繼承人是可以行使「扣減權」，把受到侵害的部分扣減（拿）回來。

表1、法定應繼分與特留分對照表

繼承順序	身分	應繼分		特留分	
		各順位繼承人	配偶	各順位繼承人	配偶
第一順序	直系血親卑親屬	平均		應繼分 1/2	應繼分 1/2
第二順序	父母	1/2	1/2	應繼分 1/2	
第三順序	兄弟姊妹	1/2	1/2	應繼分 1/3	
第四順序	祖父母	1/3	2/3	應繼分 1/3	
無第一至第四順序	--	--	全部	--	

資料來源：《輕鬆寫遺囑，繼承無煩惱》p.111

其次，除了「可變現為現金」的動產與不動產外，也可以在**遺囑中，將各項「權利（例如以我為例，就是個人的著作權、版權）」及「物品（例如我有大量收藏的書籍）」，進行指名分配。**

再者，為了確保以上妳的「遺願」，能有人可以代為完成，妳也可以在遺囑中，找一位遺囑的執行人。當然，妳希望這位「遺囑執行人」，能在妳身後時，幫妳執行妳的遺願，也得在遺囑中特別註明提供給對方的一定酬勞。

以上簡單來說，遺囑最主要的功能，不外乎就是「財產分配」、「身分安排（例如替未成年子女指定監護人，或是透過遺囑方式，認領非婚生子女）」，以及「精神訓勉」三項。但值得想要預立遺囑的一般人注意的是，從法律效力的角度來看，遺囑所能處理的，只是財產上的權利及義務，也就是「財產分配」與「身分安排」，至於單純的「精神訓勉」，既不屬於財產上的安排，也沒有指定監護人或認領，在法律上就沒有任何拘束力可言。

哪一種遺囑最具法律效力？

一般來說，遺囑的訂立只要依循以下兩大原則，都算是「合乎法律效力」的文件。

原則一、立遺囑人必須有「遺囑能力」。只要年滿 16 歲、具行為能力，就有資格立遺囑。也就是不能是《民法》中的「無行為能力者」或「未滿 16 歲的限制能力者」（《民法》第 1186 條）。

原則二、訂立遺囑必須依照「法定方式」為之。依據《民法》第1189 條規定，遺囑方式共有五種（詳見表 2），而每一種都必須符合個別的要件與形式，所立的遺囑才會具有法律效力。

　　遺囑分為「自書」、「公證」、「代筆」、「密封」及「口授」等五種。其中的「自書遺囑」，是最為單純的一種遺囑，只要當事人自己將遺囑寫好（最好先擬好遺囑內容，再手抄一次，避免有錯字及修改）、標註日期並簽名，再密封由自己妥善保存就好。不過，因為親筆遺囑不是由專業律師寫成，所以，如果擔心內容不完整、錯誤或容易引起誤解，而導致遺囑喪失法律效力（最常見的就是配偶及子女的「特留份」問題），或是遺囑保存問題，就可以選擇「公證遺囑（當事人與見證人親自到公證處辦理）」，或甚至是將遺囑內容保密的「密封遺囑」。

　　而在這五種形式的遺囑中，公證遺囑由於經過公證人的公證，其效力就像結婚證書或戶籍謄本一樣的公文書，具有一定的證據效果，所以是這 5 種形式的遺囑中，真偽爭議最少的一種。

表 2、五種法定遺囑方式的比較

遺囑種類	自書遺囑	公證遺囑	密封遺囑	代筆遺囑	口授遺囑
民法條數	1190	1191	1192	1194	1195
書寫人	立遺囑人	公證人	無限制	由見證人之一撰寫	見證人之一或錄音
親自簽名	一定要	一定要，不能簽名時，由公證人記明事由，再按指印。	同時在遺囑、封縫處，並在公證人面前，於封面處簽名。	一定要，不能簽名則按指印。	不用簽名
可否塗改	可，但一定要註明增減與塗改之處及字數，並且簽名。				
公證人	非文書認證者不用	1 位，記錄立遺囑人口述意思、宣讀與講解，並要簽名。	1 位，告知遺囑是親筆所寫或代寫，並與遺囑人、2 位見證人在遺囑封面簽名。	不用	不用
見證人	不用	2 位見證及簽名	2 位見證人，並在公證人處簽名。	3 位以上見證人，其中一人撰寫遺囑人口述內容。	由立遺囑人指定 2 位以上見證人，筆記口述則由其中一人撰寫。
公證程序	可以不用	需公證	需公證	不需要	不需要
費用	無，有文書認證者，另外再付公證書費用的一半。	最少 1,000 元，並按不同標的金額或價額收取。	1,000 元	無	無
優點	費用最低、也相當便利	具有公證效力	有公證人證明，但又能保持遺囑內容的秘密性。	對於無法寫字或不識字的人來說，較為方便。	緊急時可用
缺點	--	費用最高	過程繁瑣	因為他人代寫，最易偽造，且至少需要 3 位見證人。	只能在「生命危急」與「其他特殊情形」下才能使用，否則遺囑就會無效。

資料來源：彙整自興中地政事務所負責人陳坤涵、《輕鬆寫遺囑，繼承無煩惱》p.145

遺囑裡面要寫些什麼？

一般人對「遺囑」的認知，不外乎就是「交待後事」。也就是一個人預先在生前，留下一些「囑咐」，要求有關親人或繼承人，依照其意思處理她身故後的各種事情，或是她對親人的一些想法或願望。

所以，遺囑的內容大可以由立遺囑人「自由安排」。但是，如果不知道裡面要寫些什麼，以下三大方向可以提供給讀者們參考：

（1）說明遺願。這部分通常與遺產分配無關，而等於是最後要交待給生者的話，例如希望子女在自己身後，孝順活著的另一伴，或是交待子女如何操辦身後事，以及進行器官或大體捐贈等。

（2）遺產安排方式。例如可以將所有財產，全都捐做公益，或是將財產依不同比例，分給各個繼承人；也可以依財產種類，分給不同繼承人。例如將動產分給某一繼承人、不動產分給某位繼承人等。

（3）其他。例如認領非婚生子女、指定遺囑執行人及監護人等，或是使某繼承人「喪失繼承權」。例如某位繼承人，因為對被繼承人（立遺囑人）有「重大虐待或侮辱情事」，就可以在遺囑中進行說明及舉例。

總的來說，為了讓父母或自己，全權處理遺產，最好能事先立下遺囑。也不用擔心先立了遺囑，日後就沒辦法更改了。因為，只要當事人的想法有任何改變，隨時都可以從新寫過。

最後還有更重要的是，千萬別忘了將妳有寫臨終筆記這件事，告訴值得信賴的人，讓他能在妳的身後，幫忙處理妳想要完成的事項。當然為了確保有人能確實執行妳的遺願，妳可以在遺囑中，將此人列為遺

囑執行人。但唯一要記住的是：遺書的存放位置，一定要跟遺囑執行人交待清楚，不然等自己離世之後，遺囑卻遍尋不著，那不就等於「白寫了」？！

重點二、撰寫「臨終筆記」

事實上，遺囑的真正功能，是在於遺產的處理。所以，為了避免遺囑內容過於膨脹，不管是自己遺物的處理，或是喪禮該如何舉辦，最好都是挑重點來寫，而將遺囑的主要內容，放在遺產分配上頭；至於比較瑣碎的內容，則可以寫入「臨終筆記（Ending Note）」裡。

我建議，無法寫在遺囑裡的詳細事項，可利用「臨終筆記」留下記錄。據了解在日本，「臨終筆記」可至書店購買或上網下載，而主要的記錄項目為：

（1）**自己的簡單介紹。**

（2）**所有財產的清單，不只是存款與不動產，也包括所有動產的交待。**

（3）**發生突發狀況時希望的應對。**例如發生意外事故或因病失去意識、失智症發病等情況下，妳想得到怎樣的照顧，或是關於末期醫療的希望、是否願意捐贈器官等。當然，如果想要更有法律效力，以上這些事，都可以透過生前立遺囑，或是及早簽好安寧照顧、緩和醫療及器官捐贈意願書，並且註記在健保卡上。

（4）**關於葬禮或墓地的要求。**儘管目前許多人都有身後事「一

切從簡」的想法，但是，妳也有權做相關的要求。例如：希望請誰來主辦自己的喪禮？想邀請哪些朋友參加葬禮？預先寫好給觀禮者的留言，以及具體地寫下自己希望葬禮的樣子……。但最重要的是，妳必須預先準備好一筆葬儀費用。

重點三、整理個人遺物

同是單身，非常認同《熟年的才情》作者曾野綾子「活著的人還要替辭世的人收拾善後，未免太添麻煩了」說法的我，既不喜歡麻煩別人，也認為不應該麻煩親朋好友在自己身後，還要幫忙處理一堆個人雜物。所以，我也早已開始進行了。

而我的做法是，除了在寫好的遺囑中，把自己認為重要的資產與物品（例如個人最喜歡的藏書），進行指定與分配外，其餘日常使用物品，全都開始定期（至少年終大掃除時）或不定期進行清理與減量。

除了預先收拾及整理好自己的物品，別給親朋好友留下太多麻煩與困擾外，此外，「重新做好新的通訊錄」也很重要，重新記錄真正有來往的親朋好友，當自己離開這個世界時也能立刻派上用場。因為家人只要參考這份通訊錄，就能知道要向誰傳達訃文。當然，如果妳想要身後事一切從簡、不辦儀式、不發訃文，這項工作就可以免除了。

寫出「好遺囑」的五大重點

由於寫遺囑的最大優點，是「最能明確表達自己的意思」。因此，我要提供《不要留遺產給孩子》作者山田美智子提出的 5 大撰寫重點供各位參考：

（1）在有特定意思時寫。如果遺囑與「法定應繼分」的分配方式沒有不同的話，就不必寫遺囑。

（2）在冷靜、理性時寫。隨著年紀越來越大，人會變得越來越不容易保持理性，寫遺囑時也是，上了年紀更容易感情用事。畢竟在頭腦清礎時冷靜寫遺囑很重要。

（3）只寫自己想做的事。

（4）若太複雜，不妨委託專家處理並拿去公證。通常最壞的情況是「看似正確，其實模稜兩可」的遺囑。其中，「寫到單純得不論誰看了都不會產生歧見」或「把複雜的事寫得十分周密正確」，才是上策。

（5）寫明意圖。例如「因為有什麼打算，所以如此分配」，把這些事以「附加事項」的形式補上去。或是「一肩挑起照顧我的事，所以想留給長子多一些」等想法，事先附上所有繼承人都能理解的理由也很重要。

為「防兒啃老」預做
準備，善終不是夢

中國人很早就有「養兒防老」的說法。但是，隨著社會的變遷、年輕一代薪資水準連續下滑，非但養兒不能防老，甚至還到了要特別注意「防兒啃老」的地步。

綜合諸多新聞事件與專家的看法，現代父母會面臨以下幾個，與「子女」有關的風險。首先，就是**龐大子女高等教育費用（特別是出國留學），有可能會拖垮自己的財務問題**。

理論上，50 世代的大筆支出，應該還是子女的教育費用，特別是對子女還在唸大學的晚婚者而言。例如較早之前，滙豐集團在 2016 年所發佈的調查顯示，台灣一個小孩讀大學，父母平均每年需準備費用達 8,88 美元（折合 26.4 萬元新台幣），在受訪的十五個國家中，排名第 6，而為了支持子女的大學教育，全球六成家長願意負債，其中中國比例逾

八成，為全球最高，台灣佔比則為 64%。

可見台灣父母，對於子女教育的重視程度—就算負債了，也要讓子女唸個好學校。但是，許多天下父母可能並未認真想過：撇開「唸了大學或研究所，找更作恐怕依然辛苦」之外，無限度地對子女進行資助，到底有多少實質的幫助？

其次，**子女長大不獨立，賴在家裡當「啃老族」的風險**。千萬不要以為不可能，因為，根據匯豐集團在 2018 年所發佈的最新調查報告《守護的力量：面向未來》顯示，超過一半（53%）的台灣父母，仍舊提供成年子女經濟支持，比全球的平均數（50%）為高。這項數字固然部分反映出當前年輕世代，面臨著極嚴重的財務壓力，但也同樣突顯出台灣父母，願意對子女「持續付出，並提供支持」的態度。

進一步了解統計後可以發現，對於仍提供成年子女經濟支持的台灣父母來說，有 65% 的台灣父母，希望其子女在年齡更長後「能夠經濟獨立」；但是也有超過五成（54%）的受訪者，提供成年子女經濟支持「已經超過 12 年」。也就是說，這些仍然接受父母經濟支持的子女們，目前的年齡至少超過 30 歲。

而從提供經濟支持的項目來看，「教育費用」仍是最大宗（佔69%），其次則是「日常生活開銷（佔 54%）」與「信託存款及投資（30%）。等於是台灣父母除了供子女教育費用及日常生活費用之外，還幫他們存錢與投資。甚至，還有四分之一的台灣父母，有支持已成年子女的「醫療費用（28%）」與「房租、住宿開銷（25%）」。

而且，台灣父母也認為「提供子女經濟支持」這樣的行為是「正

確的」。因為在日常生活開銷以外，台灣父母平均付出超過三分之一（36％）的「剩餘可支配所得」，以支持其成年子女；也有超過三分之一（34％）的受訪者，為了提供家庭成員更多經濟支持，而必須減少自身的花費。

在子女未成年前，建議父母「採取必要措施」

記得暢銷書《下流老人》中，作者藤田孝典就歸納了造成「下流老人（也就是「過著中、下階層生活的老人」）」的四大原因，其中一項正是「子女因為工作貧窮，或身為繭居族而依靠父母」。而為了避免子女，把自己辛苦存下來的退休老本給「啃光」，在子女尚未成年之前，父母們就必須「採取一些行動」，才有助於避免這種風險發生。例如我的好朋友精神科醫師楊聰財就曾表示：過去，父母們總有「養兒防老」的想法，但現在，多數父母已經有「子女們不來啃好就好了」的念頭。所以，他對父母們的建議是：千萬別再對子女過於「掏心掏肺」，不論是教育金或生活費，都應該要「量入為出」，先以「讓自己無後顧之憂」為優先。

畢竟年屆 50 歲的父母們，子女多半已在國、高中的求學階段，這個時候要教育他們有正確觀念，避免他們日後成為「啃老族」，這在時間上，還是來得及的。在此建議有空時不妨就跟子女定期溝通並達成共識：假設學業告一段落後，就不能再向家裡拿錢，甚至還應該「對家裡有所回饋」。只要父母把子女像朋友一樣看待，並且開誠佈公地一起討

論，我相信絕對可以得出以上共識。

另外，《50歲開始，優雅過好日子》作者保坂隆也建議，如果是用在子女身上的錢，應該要劃清界線，最多只能到孩子「出社會」為止。而讓此一時期的所有財務準備，都是以退休生活為優先，先把夫妻兩人的退休生活顧好才是。保坂隆認為，如果包括自己的經濟，都能善盡責任、好好活下去，才不會對於子女或孫子女造成負荷。

日本的內科、顧內及心血管專科醫師石藏文信，也在他所寫的《好想殺死父母》一書中，再三提醒「遠離《家人這種病》」的七大守則之一就是：在孩子高中畢業後，父母也從「養兒育女」的工作中「畢業」了，要讓孩子獨立自主。

甚至，**父母還可能因為子女的疏失、發生車禍，而被受害者要求一筆龐大理賠金的風險**。例如前一陣子，有一則地方新聞報導是：彰化一名多次酒駕的施姓男子，最後撞死一人。雖然他被檢察官提起公訴，具體求刑 10 年。只是為了替兒子贖罪，老父母卻得把遮風避雨的房子，賠給被害人以換得和解，不過也希望能多住 9 年，直到 70 歲。這兩位老父母的慘況，還真是讓人覺得不捨。當然，也更突顯出「子女」這個風險預防的重要性，值得已屆 50 歲的父母們多加注意及準備。

避免養出「啃老族」，「窮養」小孩是妙方？

由於「啃老族」議題越來越熱，社會上開始出現一種「窮養小孩」的教育方式。目的就是為了避免父母臨老之際，原已備妥的有限退休金會被這些「啃老族」給吃乾抹淨。但是，教養不應該是「刻意讓孩子貧窮」，也就是所謂的「窮養」，而是「儘量延遲他們滿足的能力」。畢竟能否把孩子教養好，跟「窮」或「富」一點關係都沒有，主要是與父母的態度有關。以下，楊聰財及魏兆玫夫婦倆提出一個「三不，一沒有」的原則，提供有子女的讀者們參考：

(1) 不要過度保護 讓孩子有犯錯機會，養成「自助力」。

(2) 不要有求必應，避免孩子日後盲從愛比較，養成「自律性」。

(3) 不要不切實際讚美，避免孩子虛擬自大，養成「自信心」。

(4) 沒有完美的父母，隨著環境的變化，必須具有「終生學習」的態度。

Chapter 3

自己的 健康
下半場人生的首要顧念

孩子大了，妳也老了……，過去幾十年像個鐘擺一樣過日子的時光終於要暫告一個段落了，只是，面對突然多下來的時間，妳發現自己的體力竟然大不如前……

人生路漫漫，唯一能陪著妳走到最後的，就是妳自己！正所謂「自己的健康自己顧」，妳不多疼愛自己一點，誰來疼愛妳？

保養身體，
就從控制三高開始

　　我有一位在「健康」類雜誌工作的大學同學常對我說：「50 歲的身體健康，會決定妳 70 歲的身體狀態！也就是說，50 歲時妳怎麼對待自己的身體，它的「結果」全都會反映在之後的身體健康狀態上。

　　那麼，為什麼是 50 歲呢？根據《中年的意義：一個生物學家的觀點》作者 David Bainbridge 的說法，是將「40 ～ 60 歲」暫時定義為「中年」，而一個人的「老化」，就是在這段期間發生「明顯的變化」。單從外表來看，最明顯的就是皮膚開始出現大齡熟女最怕見到的身體變化 —— 皺紋、乾燥、暗淡及下垂；體脂率的增加再加上會出現明顯的「肌少症（sarcopenia）」，也就是肌肉質量減少，且主要減少的部位是「四肢」，而脂肪則會堆積在「腹部」，就會

形成典型的「小腹婆」體型——肚子大、四肢瘦長。

中年之後除了外表的明顯改變外，最重要的是各項器官功能的開始衰退。例如在「各種感官」方面，50 歲時，幾乎人人都有「老花眼」；雖然人從小的時候，就在慢慢失去聽見高頻聲音的能力，但有統計顯示，到 65 歲時，已有 35％的人明顯出現聽力衰退。

儘管嗅覺能力很難量化，但就算 50 歲之前嗅覺還正常，50 歲之後也幾乎確定會衰退（女性的味蕾從 40 多歲時開始減少）。而嗅覺能力衰退，很可能造成憂鬱、失去性慾、厭食症及不小心吃下腐壞的食物……等問題。也有統計顯示，人類的各類認知能力（包括語言能力、空間知覺、數學能力、推理能力及計畫能力），許多直到 65 歲之後，才有顯著的下降。其中，短期記憶大概要 50 歲開始衰退，長期記憶的表現似乎更好，常常能不受影響地維持到中年。大腦白質的總體積，差不多在中年達到高峰，一直到 60 歲之後，才會有明顯下降的情形。

整體來說，人體「五感」的衰退順序，是先從嗅覺及味覺開始，之後則依序是聽覺及視覺（詳見圖 1、表 1）。但每一個人不同感覺衰退的時間及快慢都有不同。事實上，人類的「老化」除了「五感」之外，身體裡的許多機能與臟器，也都會隨著年齡的增加而衰退。以下，是最主要的幾種情況（詳見表 2）。

圖 1、五感衰退的順序

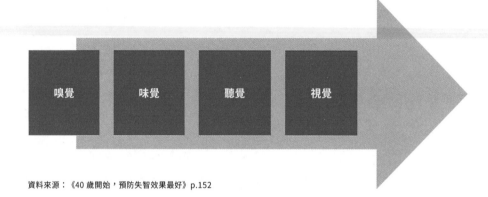

嗅覺　味覺　聽覺　視覺

資料來源：《40 歲開始，預防失智效果最好》p.152

表 1、法定應繼分與特留分對照表

	開始退化時間	大幅退化時間
視覺	40 ～ 50 歲	60 歲
聽覺	55 歲	65 歲
嗅覺	50 ～ 60 歲	70 歲
味覺	60 歲	～～
觸覺	50 歲	70 歲

資料來源：《老後行為說明書》

表 2、身體其他機能與臟器的衰退時間表

身體機能與臟器	衰退時間與情形
肌力、關節	肌力一般在約 40 歲左右開始下降，但 50 到 60 歲時，會變得更明顯；致於腰部與膝關節，大約從 40 歲開始，會有疼痛變形的狀況。
記憶力、智力	大約從 50 歲開始逐漸衰退，60 至 70 歲時變得明顯。不過，有的記憶會衰退、有的不會，端視其屬於何種記憶種類與記憶方式。智力的退化也因其種類與使用方式而有所不同，有的到 80 歲還能維持，有的從 60 歲左右就開始退化。
腎臟、膀胱、前列腺	大約從 40 歲左右機能開始退化，60 歲左右明顯感受到退化，並且開始出現頻尿現象。
心臟、血管	從 60 歲左右開始退化，更會引發心肌梗塞與腦中風。根據美國心臟病病發的統計顯示，有 40% 是發生在 40～65 歲人的身上。
肺	差不多是 45 歲左右開始緩慢退化。這個時候，登山爬坡會覺得費力，且長時間行動、運動時，也會感覺疲憊。

資料來源：健康遠見網站

　　簡單來說，人的身體健康由幼兒、青年到壯年之後，一定會開始走下坡。儘管每一個人開始走下坡的時間不同，體內每一個器官及機能，也不是同步下降，但不變的重點是，一定要努力維護好身體的健康。畢竟「人生只能前進，無法後退，身體狀況也是一樣」。所以，及早開始保養自己的身體健康、延緩老化與疾病的發生，絕對是步入50 歲，身體各項機能開始由盛轉衰之際的妳，相當重要的一大功課。

　　因為，只有在身體狀況還沒有變得很差之前，就開始努力保養身體健康，也才能讓退休後「少花點醫藥費」，有利退休後財務負擔。因為只要身體健康、無任何病痛，就能減少因為身體健康不佳而造成的大筆開支，讓原本可能就不足的退休金，更加捉襟見肘。可以這麼說，健康的身體也將比花非常多錢，買一大堆長看險或各式健

康險，要更有意義得多。

對於大齡熟女們來說，關注並延緩健康走下坡，還有正面而積極的意義。首先，身體有健康，心情也會跟著輕爽。所謂「留得青山在、不怕沒柴燒」，身體健康（重點不是壽命的長短，而是身體的品質）至少可以讓退休生活不致於更加陰暗。人啊，只要身體不舒服，往往就會消沉沮喪，無法實現難得規畫出來的人生設計圖。事實上，只要身體健康、沒病沒痛，就算只是在街上逛逛、郊區走走，都能產生莫名的好心情。因此，健康的身體再加上有目標及規劃的生活，永遠比生活得以天天吃大餐、月月出國旅遊的生活，要好上很多倍，且更有意義。

其次，就像《社畜》[1] 作者成毛真所說：**「萬一生病，就不能從事喜歡的事物了」**。

他認為：「玩樂，是需要體力的」。這意思也就是說，如果不先在退休前，好好保持身心的健康，怎麼可能在退休後，有那個體力去享受任何事物的快樂？再者，人的年齡不斷增長，並不單單代表從青春的高峰走下坡，我們應該能從年齡增長中，找到值得肯定的意義。**更何況，如果無法以肯定的態度，面對自己的衰老，等到父母無法自理而需要照顧時，也會很難接受父母需要照護的現實。** 而在保養身體健康中，50 歲之後的首要之務，除了努力「保養」好正開始走下坡的各種感覺及身體器官、機能外，我認為最重要的就是「努力控制好三高」。因為只要能把三高控制好，不但身體會較為健康，日後所花的退休金，也會比較少一些。

根據衛福部「民國 100 年台灣地區中老年身心社會生活狀況長期追蹤（第七次）調查成果報告」顯示，58 ～ 64 歲受訪者中，「自述曾經醫師診斷罹患慢性病項目的平均數」是 2.2，其中回答「1 項」的最多（23.2％）、回「2 項」的有 20.8％、回答「30 項」的也有 17.1％。而這些慢性疾病項目中，「三高（高血壓、高血脂與高血糖）」就佔了前 5 名，分別是：高血壓 46.0％、高血脂 21.2％及糖尿病 19.6％。

　　另外根據國健署委託「台灣流行病學會」所做的「2007 年台灣地區高血壓、高血糖、高血脂之追蹤調查研究」，2002 ～ 2007 年之間，各年齡層的高血壓、高血糖及高血脂的每千人盛行（發生）率，幾乎都是從 40 歲之後開始倍增（詳見圖 2）。

圖 2、各年齡層「三高」盛行率

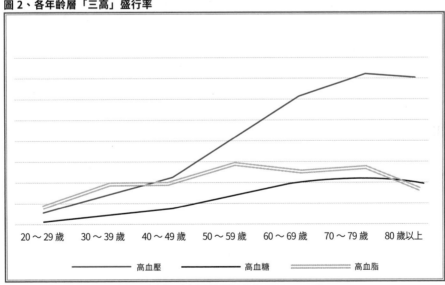

資料來源：「2007 年台灣地區高血壓、高血糖、高血脂之追蹤調查研究」p.115 ～ p.132

然而，根據該份調查也指出，「三高」與「非三高」個案對於「心臟病」、「腦中風」，以及「腎臟病」這3大重大疾病的「每千人發生率」影響程度甚大（詳見表3）。

且只要罹患「三高」，1～3年後不論在「總門診次數」、「總門診醫療費用」、「總住院次數」及「總住院醫療費用」上，都比「沒有三高者」還要高出甚多（詳見表4）。

表3、「三高」對於3大重大疾病的每千人發生率（%）影響

	心臟病	腦中風	腦中風
非三高	6.7	4.0	7.1
高血壓	26.9	31.4	20.7
高血糖	22.4	32.3	28.6
高血脂	19.4	19.3	16.5

資料來源：「2007年台灣地區高血壓、高血糖、高血脂之追蹤調查研究」p.72～p.73

表4、「三高」者在1年後的門診及住院次數與費用，都比「非三高」者來得高

	總門診次數	總門診醫療費用	總住院次數	總住院醫療費用
非三高	9.92	6422.12	0.08	3651.81
高血壓	19.89	20430.32	0.21	13071.40
高血糖	24.14	26691.00	0.28	26410.78
高血脂	16.62	15792.31	0.16	9622.06

資料來源：「2007年台灣地區高血壓、高血糖、高血脂之追蹤調查研究」p.82～p.87

而更值得特別重視的是：根據國健署「2017年國民健康署年報」的資料，女性自50歲之後，三高中的「高血糖」及「高血脂」盛行率，都明顯高於男性（詳見圖3、圖4、圖5）。所以，女性在50歲之後，更要特別關注「三高」的控制。因為按照衛福部的統計，在2017年死因統計中，心臟病奪得女性死因的第二位，加上腦中風、高血壓等心血管疾病，每年差不多奪走兩萬多名女性性命。

　　從研究數據看，女性在更年期後，缺少了荷爾蒙的保護，使血管彈性變差，因心血管疾病死亡的機率每5歲就增加近1倍。因此更年期後（按國民健康署的統計，國內女性停經的平均年齡是48～52歲）的女性，更應該要特別當心。

　　從以上統計數字可以看出，一旦罹患三高，不但未來罹患重大疾病的機率大增，之後的門診及住院次數與費用，也會比「沒有罹患三高」來得高，因此，如果能努力控制住三高數值，不但可以讓自己身體較為健康，因此而花費的退休金也可以降低。

　　而根據長庚大學人文及社會醫學科副教授張淑卿的說法，一般人老化的過程總共分五個步驟，首先是健康期，之後則是出現症狀的「亞健康」期，第三是「發生疾病」，第四是惡化（例如高血壓控制不當而發生中風）後的「殘障期」，最後則是「失能期」。當然，失能期也有分輕（巴氏量表100分以下）、中（60分至100分）、重度（30～60分或以下）三種。

　　而台北醫學大學邱弘毅教授則依照台灣中風登錄資料庫的內容指出，初發中風病人在中風一個月後的失能比例是61.2%、三個月

是 55.58%、半年是 51.72%。

　　一旦失能之後需要專人照護，所產生的長照費用也非常驚人。所以如果年屆 50 歲的妳，能夠及早「顧好自己的健康老本」、延緩以上從老化到失能、臥床的時間，退休生活不但是「彩色」的，相信也不必擔心之後各項龐大醫藥及長照費用的開支，會嚴重侵蝕掉原本可能還算足夠的退休金了。

圖 3、國人高血壓盛行率

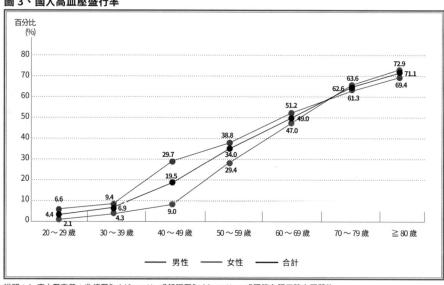

說明：1. 高血壓定義：收縮壓≧ 140mmHg 或舒張壓≧ 90mmHg，或回答有服用降血壓藥物。
　　　2. 有效樣本數採實際完訪樣本數之最大可利用值，該題為遺漏者均自分母刪除；分析結果經加權調整。
資料來源：國健署「2017 年國民健康署年報」第 78 頁

圖 4、國人高血糖盛行率

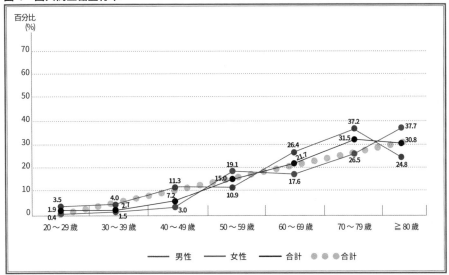

說明：1. 分母：有空腹血糖測量值之樣本。
　　　2. 分子：高血糖定義：空腹血糖值≧ 126mg / oL（7.0 mmol / L）或服用降血糖藥物。
資料來源：國健署「2017 年國民健康署年報」p.79

圖 5、國人高血脂盛行率

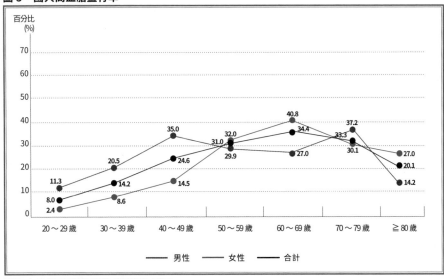

說明：1. 分母：有總膽固醇或三酸甘油脂之樣本。
　　　2. 分子：高血脂定義：總膽固醇≧ 240mg ／ ol 或三酸甘油脂≧ 200mg ／ ol 或服用降血脂藥物（包括自述有服用降血脂藥物，未自述有使用講血脂藥，但使用之藥物用途包括具降血脂效果者）。
資料來源：國健署「2017 年國民健康署年報」p.79

天然ㄟ尚好，
保健食品不輕易入口

　　記得國內高齡醫學權威，台北榮總高齡醫學中心主任陳亮恭就曾表示，老化是一個持續過程，而沒有一條明顯的「老的界線」。他表示，每個人在 25 歲時，器官生理機能就會達到人生的最顛峰，之後就開始往下掉；40 歲之後會像溜滑梯般掉得更快。所以，他再三強調：懂得健康抗老，是現代人非常重要的防老課題。

　　那麼，這門「防老」功課該如何準備呢？陳亮恭認為 50 歲以後，「吃」非常重要，不但要控制總熱量，還要聰明攝取營養素。因為他強調，人生要如何過得完全不受年齡的牽絆，有兩個最重要、應該要做好的外在條件就是：預防失能和失智。

　　為了預防失能與失智，陳亮恭最建議的方式，就是從「營養」和「運動」兩方向著手，趁著自己還年輕的時候，預先儲存好「各

種健康的本錢」。特別是在 50 歲之後，肌肉會加速流失。如果能在中年時期就存好「肉本」與「骨本」，就算到老年時腸胃吸收力變差，也能盡情開心過著自主又健康的生活。

簡單地說：預防失智症的兩大重點就是「調整生活習慣」與「訓練大腦功能。而在生活習慣中，最重要的是改善「飲食（適量攝取營養均衡的飲食，吃飯時細嚼慢嚥，因為咀嚼能夠刺激大腦，而細嚼慢嚥也可以避免攝取過量、吃八分飽避免肥胖，以免導致各種會引發中風及失智的「三高」、勿攝取過多糖及鹽分，避免造成高血壓或高血糖）」、「運動（每週運動三次，最好從事健走、慢跑、慢速游泳等「有氧運動」，且養成隨時隨地動一動的習慣）」及「睡眠（調整生活作息，以獲得良好睡眠習慣）」外，還有「多與人往來」及「多從事創造性活動」。

正如同 90 歲老奶奶，《一個人，不老的生活方式》作者吉澤久子所強調的「為了替自己的身體健康負起責任，一定要竭盡全力地維持良好的飲食生活」，以下我將從一些研究與專科醫師、營養師們的建議中，彙整出 50 歲之後，想要努力儲存好各種本錢的三大做法：

做法一、養成良好的飲食習慣

有關良好的飲食習慣，有三大重點，**首先是「減少外食」**。因為根據哥倫比亞大學的研究指出，民眾如果在自己家中煮飯、減少外食，平均有 47％的人可以「多活 10 年」。

再者則是營養均衡、多吃「原形食物」，而不是各種維他命丸、健康或保健食品。當然，由於身體機能是持續老化且不可逆，因此，特別是有特殊家族病史的人，此時就要開始注意，並且從事簡單的飲食習慣。而這裡指的「簡單」，並不完全等於「積極養生」與「補充保健食品」而已。

根據過去所採訪過醫師及營養師的說法，不建議民眾隨便，並長期服用健康或保健食品的理由如下：

（1）**不如天然食物**。因為，天然食物的營養素並不只一樣，例如蕃茄，除了茄紅素之外，還有其他的維生素。假設只單吃茄紅素這一樣，而不是吃蕃茄，就無法吃到其他人體可能需要的營養。

特別在美國，是將健康食品稱為「食物補充物」，所以，「健康食品可以長期吃」這個觀念絕對是錯誤的。事實上，攝取均衡食物、平日釋放壓力，讓自己心情好，再加上多多運動，才是有助身體健康的不二法門，而不是多吃健康或保健食品。

（2）**添加物很難完全去除，長期累積會對身體有害**。所有健康或保健食品在萃取的過程中，不外是加入水、酒精或有機溶劑，都很難完全去除，所以吃多了一定會累積以上這些對身體有害的毒素。這也是許多腎臟及毒物科的醫師，最反對民眾吃健康或保健食品的理由。

（3）**可能會有重複、過量攝取的問題**。例如在綜合維他命中，就含有魚肝油的成份，只是少了魚肝油中的 Omega 3 元素。如果民眾不加以注意，就可能會有「某些營養素」重複、過量攝取的問題。

（4）**吃不對，反而有礙天然維生素的正常吸收。**就有醫師以維他命 E 為例指出，如果它的旋光度與身體所需的相反，吃了過多這種旋光度相反的維他命，身體會被這些東西「佔滿」，反而無法吸收到從正常飲食中所攝取的天然維他命。

（5）**不同維他命或健康、保健食品間會有「交互作用」。**例如醫生常開給高血脂病患，降三酸甘油脂的 Statin 藥物，如果與紅麴一起服用，則會有「加成作用」產生，並可能引發橫紋肌溶解症，緊急狀況下恐怕需要洗腎。

又像是為了預防心血管疾病，許多醫師會開給病患 Aspirin，但如果與銀杏、魚油、大蒜精、紅麴、納豆等，抑制血小板凝結效果的食品一起服用，就會有交互作用產生。建議讀者們在服用這些健康或保健食品時，最好先問一下醫生，才不會讓自己面臨交互作用的風險。

除了飲食要均衡攝取天然食物外，「水分的攝取」也非常重要。因為水份佔人體比重的七成，一旦缺水，不但正常的功能運作會出問題，長期缺水分攝取不足，也可能引發不少的疾病。除了一般人常聽到的「三高（高血壓、高血脂、高血糖）」、腎臟病、結石、心血管疾病等外，還有可能是導致失智的原因。人腦約有 80％是由水構成，即使只缺少一點點水的分量，腦部隨即無法正常運作，顯示人類的腦部組織結構，就是無法承受水不足的狀態。

做法二、養成固定運動的習慣

曾有心理學的研究表明，一項習慣的養成，只需要連續二十四次以上的重複。而好習慣一旦養成，憑慣性的力量可以潛移默化地為健康保駕護航，使人獲益無窮。

為什麼要養成運動好習慣？其理由之一，就是**為了提升肌力，避免老年跌倒的發生機率**。從衛生福利部統計處 2016 年的數據來看，事故傷害是 65 歲以上族群的第 6 大死因，而事故傷害最常見的就是「跌倒」。

簡單來說，由於老年人發生跌倒的機率很高，而跌倒後發生死亡，以及因為骨折而長期臥床、失能的機率也很高，所以，提早養成固定運動的好習慣，對於維持退休後良好的健康與生活品質，就有非常大的功效。而透過適當的運動，也能加強長者下半的肌力及平衡感，對降低跌倒機率最有效。

其次，**運動有助於降低失智風險**。事實上，運動的功效還不只是「提升肌力、避免跌倒」這一項。因為就有日本的神經科醫師認為，每週只要健走 3 次以上，就可以使認知障礙的患病率減少 33%、患失智症的風險降低 3%。其中，每天都健走的效果更好，每天行走三千公尺以上的人，患失智症的風險可以降低 70%。這個事實證明了健走，的確對大腦健康非常有益。

再如國內高齡醫學權威——台北榮總高齡醫學中心主任陳亮恭就曾表示，像是動作複雜的舞蹈運動，不只能幫人存好「肉本」，還能

預防失智，幫助存滿「腦本」。陳醫師指出，儘管失智主要原因目前仍未完全清楚，然而，「對的運動和營養」，是可以降低其罹患風險的。他認為像這樣具複雜度、強度特色，還可以鍛鍊記憶力，以及加強人際關係的跳舞，就是一種很好的運動。

此外，**運動可以降低心臟病、中風及癌症等的風險**。例如《英國運動醫學雜誌（British Journal of Sports Medicine）》近期發表的一份研究就指出：即便是「最輕度的運動」，都能夠減少因心臟病、中風或癌症的死亡風險。而這些輕度運動所消耗的時間，則是對健康生活效益的「最高投資」。該份研究報告的作者總結養成日常做運動的習慣、鍛鍊肌肉，具有以下幾項生理效能：製造體溫、強化免疫力；有助於心臟、循環器官的作用；強化骨骼；使血液中的糖分、脂肪減少；改善憂鬱心情；記憶力的維持與痴呆的預防；減少腦中風的機率、預防大腸癌；以及「能夠活得長久」。[1]

1‧資料來源：《醫學博士教妳慢活到老》，作者為日本醫學博士石原結實。

也有過往文獻曾指出，規律的體能活動有助減少老年人死亡率、改善生活品質。且從改變運動習慣的人身上可以發現，晚年從事較多運動的老年人健康狀況也比較好。就算是低量的中度至激烈運動，都能減少老年人22％死亡風險。但值得注意的是，如果沒有在中年時，就養成固定運動的好習慣，到年紀大了、體力變差時，就不可能更有那個動力去「固定運動」。

事實上，**運動除了有利身體健康外，還可以「幫助睡眠」**。例如

衛福部食藥署曾在 2015 年，針對 65 歲以上銀髮族人口共有 289 萬人進行統計，其中約 109 萬人（40％）有服用安眠藥的習慣，該署推測，這可能跟白天活動量過小有非常大的關係。而根據衛福部編印的「中華民國 106 年老人狀況調查報告」的結果，在 55 ～ 64 歲受訪人中，回答「常常會睡不安穩」的，有 9.52％；至於回答「有時會睡不安穩」的人，也有 26.59％。等於有超過三分之一的 55 ～ 64 歲國人，或多或少有睡眠障礙的問題。

總之，持續而固定的運動習慣，將有助於失眠的改善。例如專研「睡眠障礙」的日本醫師內田直就強調，運動未必讓人好眠，但養成固定運動的好習慣，則有助於「安眠」。調整生活作息，（以便）擁有高品質的睡眠，還有助於預防失智。根據 2019 年 1 月 24 日發表於《Science》的研究結果顯示，在短暫睡眠剝奪的人腦脊髓液中，與阿茲海默症致病相關的 tau 蛋白，以及 β 類澱粉蛋白（β ～ amyloid）含量，都有明顯的上升。簡單來說，以上這二種病態蛋白，會纏繞和沉積在我們的大腦中，造成腦中神經細胞進一步凋亡壞死，導致阿茲海默症失智症狀，產生心智功能和記憶力退化，讓人忘記回家的路，最後連親人都認不得。就有醫師特別指出，這份由華盛頓大學 David Holtzman 教授團隊所執行的研究，有幾點臨床意義值得一般民眾的注意：

首先，儘管這些受試者的年紀，全都介於 30 ～ 60 歲之間，但依然在睡眠剝奪後，發現阿茲海默症致病蛋白量增加 30 ～ 50%。也就是說，其實在年輕時，我們的大腦就有可能默默地累積致病風險，積

年累月之後，可用的腦細胞存量遞減，才在年長時終於出現失智症狀。

其次，這些受測者睡眠被剝奪的時間大約是 36 小時，也就是只要一個晚上熬夜不睡到隔天，短短的時間，腦中的失智致病蛋白就開始明顯累積增加。

也就是説，病態蛋白含量的增加與醒睡週期的混亂息息相關，只要數日便能產生「急性」變化。如此，更突顯出我們必須從年輕時，就「做對事情」來儲存「腦本」。所以在此我要提醒想要安穩退休的大齡熟女們，如果妳在年輕時便已開始長期犧牲睡眠，就算此刻沒有明顯症狀，也等於將大腦陷於未來產生失智的高風險中，千萬別等年紀大了才開始注意，因為到時候恐怕已經來不及改善大腦功能啦。

——————— 幸福調味料 ———————

「慢跑」及「快走」，與上班族最麻吉的運動

很多上班族總認為，運動需要時間與體力。對此，我建議忙碌上班族可以試試「慢跑」及「快走」這兩項運動。特別是體型肥胖的人最好先從快走開始，以免因體重過重，造成膝蓋與足部的傷害。

一般來說，快走超過 30 分鐘，不但可以順利消耗身體的一部分熱量，也能燃燒體內的游離脂肪酸、降低三酸甘油脂。快走最好是每天都做，不然一週至少也要三次。至於運動強度，引用世界衛生組織的建議—成人運動量每星期至少 5 天、每次運動 10 分鐘以上，累積達到 150 分鐘中等費力運動，也就是心跳稍快、鼻頭微出汗，有點喘卻不影響說話的程度，就是最適合的運度。

趁我還會記……，
別讓大腦「罷工」

一提到「失智」，幾乎是所有準備退休者心裡最擔心的一件事。因為根據統計，2016 年台灣失智人口逾 26 萬人，而單單一位失智症患者，就平均影響了 5 個人的生活。

不過在正式提到如何努力鍛練大腦之前，我想先從以下一些數據，來帶妳看看失智症的盛行率有多高？依衛生福利部在 2011 年，委託台灣失智症協會所進行的「失智症流行病學調查」結果，以及內政部 2018 年 12 月底人口統計資料估算：台灣 65 歲以上老人口數共 343 萬 3517 人（佔全國人口數的 14.56%）。其中，屬於「輕微認知障礙（MCI）」者有 626,026 人，佔 18.23%；符合失智症條件者有 269,725 人，佔 7.86%（其中屬於「極輕度失智症」者有 109,706 人）。也就是說 65 歲以上的老人裡，大約每 12 人，就有

一位失智者，而 80 歲以上的老人，則是每 5 人，就有一位失智者。

　　按照此流行病學調查的結果，推估每 5 歲的失智症盛行率分別是：65 ～ 69 歲 為 3.40%；70 ～ 74 歲 為 3.46%；75 ～ 79 歲 是 7.19%；80 ～ 84 歲為 13.03%；85 ～ 89 歲是 21.92%；90 歲以上則是 36.88%。以上顯示年紀愈大，失智症的盛行率愈高，且有每 5 歲「盛行率倍增」的趨勢（詳見圖 1）。

圖 1、國內每 5 歲的失智症盛行率推估

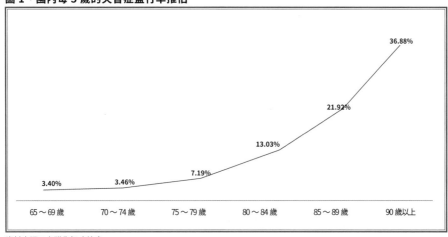

資料來源：台灣失智症協會

　　一般來說，失智症患者會經歷輕度、中度及重度的不同期程（詳見表 1、表 2）。只不過，每一個人的每一期程時間快慢不同，且每一期的症狀表現也都有很大的差異。

　　正因為如此，我強烈建議對於罹患失智症心生恐懼的妳，最好能越早開始預防及治療，也才能延緩疾病的發生與病情的惡化。

因為根據烏日林新醫院神經內科醫師林志豪的分析，失智症男女比例約是 2：3。其中，女性罹患失智症比例偏高的原因有以下五種：

（1）女性平均壽命較長壽。一般自 65 歲過後，罹患失智症的比率是「每多 5 歲就會增加 1 倍的風險」，由於女性更為長壽，罹患率當然就比較高。

（2）女性荷爾蒙影響：女性停經後缺少雌激素的作用，更容易罹患失智症。

（3）本身基因問題：目前醫界已發現，「ApoE4 基因」是造成失智症的危險因子，ApoE4 基因會造成類澱粉蛋白堆積在腦細胞裡面，有相關基因缺陷的女性，風險自然比較高。

（4）年輕教育程度：老一輩女性族群如果教育程度不高，也就是「知能存款」較少，也就容易罹患阿茲海默症。

（5）憂鬱症及睡眠障礙：有臨床研究顯示，患有憂鬱症或睡眠障礙的人，罹患失智症的機率比一般人高，其中女性罹患憂鬱症機率較男性高 1 倍。

表 1、失智症的症狀及進行期程

期程	初期：輕度	中期：中度	末期：重度
特色	健忘	混亂	失智
時間	2～4 年	2～8 年	1～3 年
表現特徵	・經常健忘 ・重複相同話語 ・忘記日常物品稱呼 ・數字認知障礙 ・正常判斷力減低 ・什麼都沒興趣	・忘記親友姓名 ・困惑、焦慮 ・忘記日常生活事物 ・錯覺、幻覺 ・夜不眠 ・經常漫遊而走失	・無法辨認家人 ・無法語言溝通 ・吞食困難 ・失禁 ・長期臥床 ・喪失日常生活能力

資料來源：《老人服務與照護》p.473，引用陳政雄編著《失智症治療性環境之安排（2007）》

表 2、阿茲海默型失智症的病程

病程	初期	中期	末期
表現	・迷路 ・重複提出一樣的問題 ・付錢等動作開始有障礙 ・會弄丟東西、忘記放在哪裡。 ・判斷力變差 ・情緒變得不穩定，變了個人。	・開始不認得家人或朋友 ・記憶障礙越來越嚴重 ・失禁的次數變多 ・變得不會穿衣服、不會使用家電用品、不知道做家事的順序。 ・變得較常走失 ・出現幻覺或妄想等症狀	・變得無法與人溝通 ・無法順利吞嚥水或食物（吞嚥困難） ・發出呻吟 ・身體機能衰退，發生行走障礙。 ・排尿、排便困難

從提早「發現」來看

看到這裡，非常擔心自己因為年齡越大，罹患失智症的風險爆增的妳應該會想知道：有沒有什麼有效的方法，可以預先防範，以便延緩失智的發生及快速發展？答案是有的。

首先，從「提早發現」來看。日本著名腦科專家山嶋哲盛就曾表示，失智症的前兆，往往在「中年」階段就開始出現。以 65 歲左右得失智症的人為例，往往在 45 歲左右，就出現了徵兆。因此，他強烈建議一般民眾，要在中年時，就檢測自己的「近時記憶力」。

專家表示，在失智症的初期，很多人即使生日、自己的地址、家庭情況等重要信息能記起來，說得很正確，但是卻對昨天吃過什麼飯菜，剛聽過的新聞，自己身處何地，這些近時記憶，卻想不起來。病情進一步發展，連長期記憶都會忘記，自己的生日、名字、住址等，卻都會想不起來。山嶋哲盛認為，根據這個特點就能自己進行失智症

的早期診斷。例如：晚上吃過什麼飯菜？到某個地方，經過了什麼路線？今天聽過的新聞，能記起什麼事情？等，自己可以「考核」新近發生的事情，然後「自問自答」，看看對近時記憶，是否能想起來？

請妳一定要記得：當長時間出現「近時記憶障礙」，就很可能與失智症有關，這樣的前兆不容忽視。

從提早「預防」來看

根據日本人類科學研究科臨床生死學、老人行為領域的教授、著有《為什麼任性的父母更長壽》[1]，同時也是醫學博士佐藤真一的說法，因為疾病或車禍導致腦細胞受損，就算受損部位和程度都一樣，在認知功能方面，還是有人「受傷輕微」，有的人則「受損嚴重」，其中最大的差別就在於「平常有沒有經常用腦」。

不過他也特別強調，這裡的「用腦」，並不限於閱讀經營學書籍，或是解決物理學問題之類，而是包含處理複雜的工作、同時進行好幾件事，或甚至是像把市內地圖烙印在腦海中的倫敦計程車司機一樣。以上的意思也就是說：在失智之前「努力做一些事」，是有可能降低或延緩失智的影響與可能的。而其中的訣竅就是「多動腦」。

想要延緩失智的發生，就要努力「提升腦部的預備能力」，其秘訣就在於「平時要經常用腦」。如果能從年輕時候，就開始努力，其成果就會顯現出來。那麼，有哪些方法，有助於在平時就能「多動腦」呢？其實只要堅持每天「閱讀」及「運動」即可。

日籍華裔腦神經外科博士王天明也曾著書建議：「為了預防認知障礙症，要經常鍛鍊記憶力、注意力、規劃能力。這也是認知障礙症最先傷害的三種腦功能。增加用腦，避免長時間看電視，防止廢用性腦功能衰退。為了改善腦血流，養成經常散步和有氧運動的習慣也很重要。此外，培養訓練手指靈活的諸如繪畫、練字、編織、手工、彈奏樂器等興趣，並積極與人交流，都可延緩大腦功能退化」。

　　想要預防失智，一定得養成積極與人接觸、閱讀書報、下棋或玩麻將等「動腦」的習慣。王天明特別強調以下三種功能，會在失智初期就會開始退化，所以在提早訓練大腦功能方面，一定要針對「回想過去經驗的事件記憶（試著回想昨天與誰見面、今天早上吃了什麼等）」、「同時進行多項事物所需的分散性注意力（同時做兩道以上的料理、與人說話時一邊留意自己的表情等）」及「有效率處理事情的計畫能力（自己訂定旅行計畫、挑戰新事物等）」三方面進行訓練與加強。而除了提早訓練以上大腦的三種功能外，同時處理兩件以上的事情（也就是所謂的「一心二用」），也是對於預防失智症很有效果的「活化大腦」好方法。

　　事實上，妳也不需要把「同時做兩件事情」想得太過複雜。例如邊看電視邊折衣服、邊唱歌邊做菜，都是很好的一心二用。但要特別注意的是：兩種事情分配的注意力不要相差太多。如果只是開著電視偶爾看一下，或是同時一邊隨便哼個幾句歌，是不太有效果的。如果要看電視的話，應該認真理解節目內容，唱歌時也要跟上節奏或歌詞，並同時做另一件事情。在加中做家事，或外出辦事的時候也是一樣，

可以想一下「有沒有其他事情可以順便做」。例如在陽台曬衣服時順便澆花、去超市時順便去郵局買郵票、散步時邊欣賞風景等。只要先想好怎麼樣的動線和流程最順暢，就能想出很多順便處理的事情。要如何達到更好的效率呢？首先，先想想有什麼事情是一定要處理的，先在腦中整理好，再思考做這些事情需要多少時間、需要什麼道具、以怎麼樣的順序完成。這些過程都可以給大腦帶來很多刺激。

此外，日本精神科醫師廣川慶裕則指出，最能刺激腦部的方法，就是「結交新朋友」、「找到新興趣」與「抄寫文章」。醫師推薦「先讀一篇文章，再把記得的內容寫下來」的預防記憶力衰退的方法。因為在臨床神經學上，是依儲藏持續時間的長短，將記憶分成「即時（由記住資訊起數秒到數十分鐘）記憶」、「近時（幾分鐘至幾個月記憶）」與「遠隔（更長時間）記憶」。而「抄寫文章」，正是提升「即時記憶」的有效方法。

看到這裡，非常擔心「腦力不濟」且「談失智色變」的妳，應該可以稍微喘口氣了。因為，只要妳照著以上醫師與專家的建議，提早開始鍛鍊大腦及預先儲備「腦力」，至少，失智找上妳的機率是會降低許多的。

1・「任性」二字在此的意思是指「能夠自主」。

「美國阿茲海默症協會」公佈的
「失智症十大警訊」

(1) 記憶衰退到影響日常生活

(2) 無法勝任原本熟悉的事務

(3) 說話表達出現問題

(4) 喪失對時間、地點的概念

(5) 判斷力變差、警覺性降低

(6) 抽象思考出現困難

(7) 東西擺放錯亂

(8) 行為與情緒出現改變

(9) 個性改變

(10) 喪失活動及開創力。

健檢有其必要，
但並非每樣都需要

　　根據臺北市北投健康管理醫院副院長韋朝榮的說法，由於多數癌症發現的年紀，大約是從 50 歲開始。他特別以乳癌為例指出，雖然乳癌在特定族群有年輕化的趨勢，但 50 歲左右仍是發生率最高的年齡，這時癌症篩檢就不能忽略。因此，韋朝榮建議在 40 ～ 50 歲這個區間，如果沒有做過一次較完整的健檢，可以考慮在這個階段做一次。如此一來，也許可能可以早些發現腫瘤，或做為日後身體構造比對的基礎。至於 50 ～ 70 歲，他認為可以是健康檢查下一個階段的分水嶺。

女性好發癌症與男性大不同

　　根據衛生福利部國民健康署在 2018 年底，所發表的 2016 年癌

症登記報告顯示，當年度新確診罹癌人口和前一年度比較，攝護腺癌、肺癌、甲狀腺癌新罹癌人口上升。其中，肺癌較前一年新增加 402 人，其中就有 401 人是女性，只有 1 人是男性。若以每 10 萬人口發生率來看，女性新罹患肺癌發生率也較前一年提升，2016 年平均每 10 萬人中，就有約 30 位女性新確診為肺癌。

如果依照性別來看罹患癌症的排名，女性依序為（1）乳癌、（2）大腸癌、（3）肺癌、（4）甲狀腺癌、（5）肝癌、（6）子宮體癌、（7）卵巢癌、（8）子宮頸癌、（9）皮膚癌、（10）胃癌。其中，排名第一的乳癌與去（2015）年相比，是呈現持平態式，但以肺癌每 10 萬人口發生率增加最多。但如果以國健署所公佈的「105 年癌症登記報告」裡的統計數字來看，50 ～ 59 歲女性的常見癌症排名，依序是（1）乳癌、（2）大腸癌（結腸、直腸、乙狀結腸連結部及肛門）、（3）肺（支氣管、氣管）癌、（4）子宮體癌、（5）甲狀腺癌、（6）卵巢（輸卵管及寬韌帶）癌、（7）子宮頸癌、（8）肝及肝內膽管癌、（9）胃癌、（10）非何杰金氏淋巴癌。

根據國健署癌症防治組組長吳建遠的分析，肺癌的危險因素包含遺傳基因、抽菸、二手菸、炒菜油煙、空氣汙染和職業暴露等，對女性來說，即使自己不抽菸，很多人深受二手菸困擾。

其次，台灣很多婦女煮菜習慣爆香、快炒，會產生許多油煙，日積月累傷害肺部健康。使用好的抽油煙機、少油煙的烹調習慣，還有家人配合戒菸等，都能幫助女性降低罹患肺癌的機率。

此外，正由於女性好發癌症與男性不同，超過 50 歲的大齡熟女，

有必要特別了解這些癌症的預防與篩檢的相關知識，一方面從日常飲食與生活調理中，根本杜絕發生的機會；二方面可以在及早發現之下、及早治療，而達到治癒的目標。

但是，該要做哪些健檢項目呢？目前各大醫療院所與健檢中心，都會提供不同的健檢「套餐」，提供給不同預算的民眾進行「選購」。但是，超過 50 歲的妳，真的應該「挑越貴的健檢」做？且是「年年做」嗎？

特別是這幾年台灣民眾特別在意空氣污染的問題，再加上不抽菸國人罹患肺癌比率大增，因此，也有不少醫師及健檢中心，大力推薦 50 歲以上的健檢者，進行號稱輻射量更低的「低劑量電腦斷層檢查（LDCT）」。

雖然健康檢查，有可能在疾病的初期就被發現，而能夠達到「早發現、早治療、有可能治癒」的結果。然而，就像《你做的檢查、治療都是必要的嗎》一書作者江守山醫師的說法──「如同投資理財，醫療檢查也一樣有風險」，不管是政府提供的定期免費檢查或癌症篩檢，或是市面上少則數千元，甚至高達十數萬元的高階健檢，恐怕都是民眾應該謹慎思考的問題。

根據江醫師的歸納整理，醫院裡最常見的不當檢查主要是以下五種：「定期健康檢查」裡的 X 光、電腦斷層（CT）與正子攝影等醫學影像檢查；為防中風或心肌梗塞，而接受的心臟血管電腦斷層掃瞄；為及早發現肺癌，而接受低劑量電腦斷層檢查（LDCT）；以及為及早發現乳癌，接受乳房攝影檢查（詳見表 1）。

表 1、醫院常見不當檢查的五大問題及替代方案

	問題點	正確使用	其他建議
X光檢查	定期X光放射線的曝露，可能會導致乳癌、肺癌、甲狀腺癌及白血病。	該照的時候才照，而不應列為常規性的例行檢查。	1. 善用政府提供的免費健檢及癌症篩檢 2. 增加「超音波檢查」，以掌握結石、囊腫、水泡及腫瘤變化。
全身電腦斷層掃描	一次的幅射線曝露量，幾乎等於核爆災民承受的劑量。	臨床上有罹病的強烈懷疑，或是要進行癌症分期確定時。	
心臟血管腦斷層掃描	雖不具侵入性，但會傷腎（因為打顯影劑）與輻射致癌的風險。	有胸悶等動脈疾病症狀（感覺到心臟有種被石頭壓住般的胸悶、左手發麻、下巴疼痛等），「抽血＋心臟超音波＋運動心電圖」就夠了；無症狀的健康人，只要做「抽血＋心臟超音波」即可。	害怕心臟病，最該做的是調整生活方式（均衡飲食、充足睡眠及運動）。
低劑量電腦斷層檢查（LDCT）	1. 肺是對輻射「高敏感度」的器官之一，而LDCT一次的輻射量，約等於台灣人1年所承受的天然背景輻射量。 2. 篩檢結果有93%是「偽陽性」，以及後續的「過度診斷」。[1]	有明顯抽菸史的人應該做LDCT、有肺癌家族史的人，可以考慮做LDCT，有其他肺癌風險的人，請先諮詢專業醫師，至於沒有肺癌風險的人，在體檢前先問好可能的輻射曝露、偽陽性可能引發的心理焦慮，以及價錢等「代價」。	預防甚於治療，應該慎選飲食、避開汙染源（香菸、空汙、廚房油煙等）。
乳房攝影	乳房也是對輻射高度敏感器官，經常接受反而更容易致癌；且乳房攝影一樣有「偽陽性」及之後的「過度診斷」問題，再加上東方女性乳房組織較為緻密，確診的準確度並不高。	具乳癌基因BRCA，或二等親中有乳癌患者，才需要考慮做此篩檢；定期做「觸診＋乳房超音波」即可。	要遠離乳癌威脅，吃對、動足及睡好最重要。

1‧偽陽性：檢查結果「不正常」，但實際是健康的；過度診斷：
　因為前面檢查是偽陽性，所以後續需要多次檢查以排除之前的誤判

資料來源：《妳做的檢查、治療都是必要的嗎》、台北榮總胸腔腫瘤科主任邱昭華

表 2、政府提供的成人預防保健「健康加值」方案

頻率	免費年齡標準	檢查項目
每 3 年一次	年滿 40 ～ 64 歲民眾	一、基本資料：問卷（疾病史、家族史、服藥史、健康行為、憂鬱檢測等）
每 1 年一次	年滿 65 歲民眾、年滿 55 歲原住民，或是年滿 35 歲、罹患小兒麻痺的民眾	二、身體檢查：一般理學檢查、身高、體重、 血壓、身體質量指（BMI）、腰圍 三、實驗室檢查： 1. 尿液檢查：蛋白質 2. 腎絲球過濾率（eGFR）計算 3. 血液生化檢查：GOT、GPT、肌酸酐、血糖、血脂（總膽固醇、三酸甘油酯、高密度脂蛋白膽固醇、低密度脂蛋白膽固醇計算） 4、健康諮詢：戒菸、節酒、戒檳榔、規律運動、維持正常體重、健康飲食、事故傷害預防、口腔保健
終身一次	民國 55 年以後出生者	B 型肝炎表面抗原（HBsAg）及 C 型肝炎抗體（anti ～ HCV）

資料來源：衛福部國健署

　　根據江守山醫師的建議，以上五大醫院常見不當檢查，並不是完全不做，而是在特殊狀況下，由專業醫師進行判斷及提供建議。在此同時，對自己身體健康有擔憂的大齡熟女，其實可以先從政府所提供的免費成人健檢與四大癌症篩檢開始做起（詳見表 2、表 3）。

　　事實上，為了讓民眾關注健康、及早發現不利健康的危險因子，衛福部國健署早自 2011 年起，就開始推動「成人預防保健服務」。

　　凡是年滿 40 歲的民眾，只需要支付付掛號費，就能享有價值超過千元的健檢服務。

　　然而，根據國健署的統計，至今仍有七成符合資格的民眾，都還未曾使用過此一免費健檢的服務。例如國健署慢性疾病防治組組長賈淑麗就表示，過去，已有不少民眾透過這項服務，發現自己有

罹患三高慢性病。

　　賈淑麗以 2015 年的資料為例，在接受服務的 181 萬人中，新發現高血壓的比率為 20.2%、高血糖是 8.9%、高血脂為 28%。賈淑麗不忘強調，及早發現，就能在生活中採取措施，預防如糖尿病、心臟病及中風等血管性疾病的發生。

表 3、政府提供的 4 大癌症免費篩檢

篩檢項目	免費對象	免費頻率	檢查項目
大腸癌	50 ～ 69 歲民眾	每 2 年一次	糞便潛血檢查
口腔癌	30 歲以上嚼檳榔或吸菸者	每 2 年一次	口腔黏膜檢查
乳癌	40 ～ 45 歲，二等親以內血親曾患有乳癌的女性	每 2 年一次	乳房攝影檢查
子宮頸癌	30 歲以上女性	每年一次	子宮頸抹片採樣

資料來源：衛福部國健署

　　而除了以上醫師推薦的，由政府面費提供的健檢及癌症篩檢外，另一個 50 歲以上民眾應該要做的檢查，就是「骨質密度」檢查。這是因為根據專科醫師的說法，骨質密度是隨著年齡的增加而降低，特別是更年期後的婦女，骨質流失的情況更佳嚴重。

　　然而，由於老年人因為肌力及反應力、平衡感不夠，常常容易跌倒。如果有骨鬆情形，一跌之下，就會造成骨折。且之前也有統計指出，骨折不但是老年人死亡的最高危險群，也因為骨頭癒合時間較長，更容易就醫、住院，或是因為失能、臥床並入住護理之家，衍升出龐大的醫護費用。

　　而除了骨密度檢查外，超過 50 歲以上的大齡熟女們需要什麼檢查，一切還是要以專科醫師的判斷為準。就如同成大醫院家醫科醫

師、同時也是千禧之愛健康基金會董事吳至行所提出「60% 的疾病是生活形態造成的」的説法一樣,「檢查不會帶給您健康」,許多影像學的檢查,不是「完全不做」,而是「確有其必要時做」。

假如身體出現嚴重的不適,醫師又無法單從身體外觀看出問題時,就必須仰賴相關影像學的檢查。此時,身為讀者的妳千萬別因為這篇文章説「別做不必要的檢查」,而拒絕醫師的專案判斷與建議。

40 歲之後,人體骨骼破壞大於建設

以脊椎骨為例,當骨質疏鬆的程度使得脊椎骨無法再負擔全身的重量,脊椎骨就會像海綿一樣被壓扁,稱之為「壓迫性骨折」。通常會有身高變矮,也就是俗語所説的「老倒縮」(台語)。至於會造成骨質疏鬆的原因,主要是年紀增大以後骨頭(主要是「海綿骨」)的鈣質流失,使得內部骨小樑變少,造成許多孔隙,並呈現「中空疏鬆」的現象。

事實上,骨質疏鬆是人體內「蝕骨細胞」與「造骨細胞」不平衡下的結果。一般人在 20、30 歲之後,人體的骨質便開始外速流失。一般人在 20 歲之前,造骨細胞多於破骨細胞(骨骼形成增加);30 歲時大約達到平衡;超過 40 歲時,破骨細胞就會多於造骨細胞(骨骼形成減少)。

一般在正常情況下,骨骼就會隨著年齡的增長產生老化現象。只不過,現代人因生活不正常、鈣攝取不足,再加上鮮少運動……,導致骨骼形成減少而分解增多,並引起骨質疏鬆症。

血液裡「鈣」不足，就會從骨頭裡「借」

一般來說，我們人體不論是心臟或肌肉的收縮，都需要鈣籬子的作用。如果血液裡的鈣含量不足，就會從骨頭裡「借出」使用。人體的骨骼是最大的鈣磷儲存庫，骨骼總重量中的 65% ～ 75% 是骨鹽，而骨鹽是由鈣和磷兩大元素為主組成的，人體中含鈣總量約有 1,000 克，其中 99% 儲存在骨骼中。

而人體骨骼中的鈣又不斷地在骨、血中進行動態流動，當攝入鈣高時，一部分會通過排尿的方式，把多餘的鈣排出體外；另一部分的鈣，則是儲存到骨骼中；當攝入鈣不足時，骨骼裡的鈣又會流入血中，並再從尿中排出體外。這也是為什麼每天如果不能從三餐中吸收足夠的鈣，很容易造成骨質流失更多的原因。

但另一個值得大齡熟女特別注意的造成骨質疏鬆的原因，則是與性別有關。因為體內鈣的動態過程，不但受到維生素 D 的調節，也受人體內分泌的調節（主要是副甲狀腺）。其中，雌激素具有減低副甲狀腺激素排鈣的作用，當婦女體內雌激素水準下降時，這種能力便開始減弱。於是，骨鈣就會更多地流入血中，再從尿中排出。因此，婦女從 35 歲開始就發生骨質的流失，絕經期後尤其明顯。

目前，西醫治療骨質疏鬆輕症的病人，通常僅開一些合成的鈣片。如果是骨密度嚴重缺少的人，則會給予不同的骨質疏鬆藥物。記得我之前採訪過骨科的專科醫師表示，給骨鬆藥可以促使骨密度回升，大約一年可以增加個 3 ～ 4% 左右，視藥物不同而定。例如屬於「磷酸

鹽」類治骨鬆藥物「福善美」，大約服用 2 ～ 3 年後，效果可以持續 5 ～ 6 年。只不過，由於它是一種「抑制破骨細胞活性」的藥物，所以也不能長期服用，最多 2 ～ 3 年就要停用（詳見表 4）。

表 4、目前主要治療骨質疏鬆的藥物

	優點	缺點
雙磷酸鹽藥物	效果不錯且服用（以「口服」方式）方便、費用便宜	容易造成腸胃不舒服，且會刺激食道。
副甲狀腺素	增加「造骨細胞的活性」，所以藥效最佳。	費用非常貴，且有的需要每天施打一劑，非常不方便，而且長期施打會有致癌的疑慮。
賀爾蒙替代療法	能改善女性更年期症狀	只對停經後婦女有幫助，只是改善相關更年期狀況，不是專門針對骨鬆的治療藥物。在治療骨鬆上來說，算是最差的骨鬆治療藥物，且目前也有致癌疑慮。

資料提供：三總骨科沈賢宗醫師

事實上，骨質疏鬆症之所以被稱做「沉默的疾病」，就是因為這種疾病在發展過程中，當事人都不會出現任何症狀，一直到出現骨折為止。所以，為了避免骨質疏鬆症的產生，專科醫師建議最重要的大方向是：「預防勝於治療，治療重於復健」。

其中，補充鈣質（除了牛奶或優酪乳之外，小魚乾、豆腐、豆漿等豆類食品，或是深綠色的蔬菜以及黑芝麻等，都是富含鈣質的天然食物，不一定要吃鈣片）、維他命 D（其中最廉價可靠的攝取維他命 D 方法，就是每日享受 10 ～ 15 分鐘的直接日曬，大約可以得到 2,000 ～ 4,000 IU 的維他命 D。）、適當的運動（一般來說，有骨質

疏鬆問題的人，最好的運動必須包含人體長骨的牽動、拉動、和某種程度擠壓的運動，像是步行、慢跑、騎單車、越野步行、划船等…。如果同時患有關節炎者，其實應該避免負重運動）、注意飲食及戒除不良習慣（吸菸及酗酒都會干擾到體內「造骨細胞」的活力，再加上女性吸菸者會提早停經；而酗酒者因為飲食常常不均衡…，都是容易罹患骨質疏鬆症的高危險群。所以，戒除這些不好的習慣，也能夠一定程度地預防骨質疏鬆症的提早到來），才能有效達到防治及避免進一步惡化的效果。

最後還想提醒大齡熟女們注意的是，由於骨質疏鬆是一種「沉默的疾病」，因此專科醫師多半會建議可能有骨質疏鬆的高危險群（主要是停經後的婦女），每年定期進行骨質密度的檢查。

根據專科醫師的說法，臨床上是可以經由理學檢查，來初步篩檢骨質疏鬆症的可能性。但如果要進一步針對骨密度（bone mineral density, BMD）進行確診，還是要進行 X 光或是 DXA（以中軸型的雙能量 X 光吸收儀：dual-energy X-ray absorptiometry, DXA）的檢查。

一般來說，這項檢側要同時測量腰椎及髖骨兩個部位，以避免單一檢測腰椎時，會因為腰椎退化性關節炎，而造成較高骨密度的假象。假設以上兩處都不能正確測定時，則可用非慣用側前臂橈骨三分之一處的檢測來取代。至於 DXA 檢查後數值所代表的意義，請見表 5。

表 5、骨密度 DXA 檢查數值代表意義

T 值	代表意義
大於或等於 −1.0	正常骨量（normal）
介於 −1.0 及 −2.5 之間	骨質缺乏（osteopenia），又稱為「低骨量（low bone mass）」或「低骨密（low bone density）」
等於或小於 −2.5 時	診斷為骨質疏鬆症（osteoporosis）

資料來源：中華民國骨質疏鬆症學會引用世界衛生組織資料

表 6、讓妳更了解自己的骨頭是否健康？

問題	是	否
家族病史		
1. 父母曾被診斷有骨鬆或曾在輕微跌倒後骨折？		
2. 父母中一人有駝背狀況？		
個人因素（屬於天生且不能改變的因子）		
3. 實際年齡超過 40 歲？		
4. 成年後是否曾經因為摔倒而造成骨折？		
5. 是否經常摔倒（去年超過一次），或者因為身體較虛弱而擔心摔倒？		
6. 您 40 歲後的身高是否減少超過 3 公分以上？		
7. 是否體重過輕？(BMI 值少於 19)[1]		
8. 是否曾服用類固醇藥片（例如可體松，強體松）連續超過 3 個月？（可體松通常為治療氣喘、類風濕性關節炎以及某些發炎的疾病）		
9. 是否患有類風濕性關節炎？		
10. 是否被診斷出有甲狀腺或是副甲狀腺過高的狀況？		
女性朋友請繼續回答以下問題：		
11. 您是否在 45 歲或以前便已停經？		
12. 除了懷孕、更年期或切除子宮後，您是否曾停經超過 12 個月？		
13. 您是否在 50 歲前切除卵巢又沒有服用賀爾蒙補充劑？		
男性朋友請繼續回答以下問題：		
14. 是否曾經因雄性激素過低而出現陽萎、失去性慾的症狀？		
生活型態		
15. 您是否每天飲用超過相當於兩小杯份量的酒？[2]		
16. 有長期吸菸習慣，或曾經吸煙？		
17. 每天運動量少於 30 分鐘？（包含做家事、走路、跑步等）		
18. 您是否避免食用乳製品又沒有服用鈣片？		
19. 您每天從事戶外活動時間是否少於 10 分鐘，又沒有服用維他命 D 補充劑？		

1．BMI 計算方式 = 體重（公斤）÷ 身高的平方（公尺 2）

2．單位飲酒範圍 = 約為 20 公克的酒精，相當於 500C.C. 啤酒（酒精濃度 4%）；160C.C. 紅酒（酒精濃度 12.5%）；50C.C. 烈酒（酒精濃度 40%）

癌症已非絕症，
正確治療重拾健康

　　前一陣子衛福部所公布的最新癌症登記報告顯示，2016 年新發癌症人數為 105,832 人，與 2015 年相較增加 676 人，癌症時鐘又快轉 2 秒，平均每 4 分鐘 58 秒就有一人罹癌。

　　一直以來，就有不少朋友詢問如何投保癌症險的問題。其理由不外是：媒體常常出現國人罹癌人數增加的新聞，且保險業務員也不斷強調各種新的癌症治療方式與藥物之「所費不貲」。

　　而在實際回答並提供讀者建議之前，我想先提一下我在上「醫學檢驗數據整合判讀暨病理分析」課程時，該課程老師——高雄醫學大學醫學檢驗生物技術學系助理教授黃莉文，所說的一段她自己的「面對癌症因應之道」。

　　個人覺得黃老師講的滿有道理，且非常認同，因此，想在此分

享給讀者參考。黃莉文認為，面對這種重大疾病的治療，必須在萬一不幸罹患之前，就應該思考清楚，才不會在不幸罹病後「手忙腳亂而亂投醫」，甚至花了大錢而「根本無效」（詳見圖1）。

圖1、罹患重大疾病與全國平均餘命所差歲數

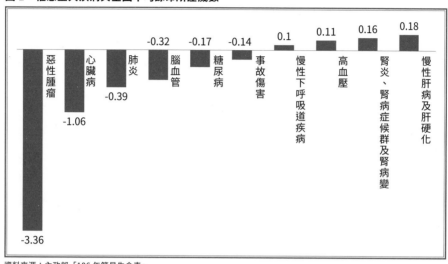

資料來源：內政部「106年簡易生命表」

　　因此黃莉文表示，在未確定罹癌前：最重要的是「努力過好每一天」，隨時隨地做好很多「自己覺得很重要的事」。例如保持心情好、降低壓力等，如此，才能讓癌細胞「沒有發展的機會與空間」。

　　假設萬一不幸確定罹癌後，她認為「有錢者」與「沒錢者」的抗癌做法，應該是有所不同的。且更重要的是：目前所有的癌症治療方法，都沒有人可以「100%保證絕對有效」。

　　所以，如果妳很有錢，當然可以用錢去買生命；但如果沒錢，

也有沒錢的抗癌做法，那就是選擇健保給付的傳統抗癌方式，或是其他完全不用花錢的方法，像是：保持作息正常、維持好心情、練氣功等。黃老師特別強調，只要當事人相信方法有效，就是好的治療方式。「因為，信心可以提升個人免疫力，自然也有助於抗癌」，她說。

投保「癌症險」的注意事項

個人非常認同這種抗癌做法，也想在她的規劃基礎上再進一步延伸，提供給所有擔心及「談癌色變」的民眾們在癌症險投保上的一些方向：

（1）把包括癌症在內的重大疾病風險規劃（並非「只買保險」而已），擺到跟購屋、子女教育及退休規劃一樣重要。個人強烈建議讀者，買保險的目的不是阻止風險的「不發生」，而是為了在風險發生後，相關的費用支出超出自己與家庭的能力負擔。所以，比投保先一步重要的是「及早思考可能的因應知道」，才不致於事到臨頭而一陣慌亂，甚至是急病亂投醫。

（2）癌症險應該是個人整體風險規劃中的一環，而非全部；它可以是相當重要的一環，但絕對不是唯一必買的保單。所以，民眾在進行整體保險規劃時，千萬不要把重要加保順序弄錯了。與「每個人的出生都一樣」不同，每個人離世的方式，卻是有千百種。至於癌症，則只是眾多方式中的一種而已。也就是說，罹癌率雖高，但它

畢竟不是每個人在死亡前的「必經之路」。

　　所以，如果要排出投保的順序，癌症險至少是排在死亡險與住院醫療險之後的第三位。這意思是說：當民眾以上保障都還未規劃之前，別把癌症險擺在投保的第一張保單。

　　（3）要買多少保額，要根據個人預算多寡而定，絕對不是「保額越多越好」。個人完全不建議民眾把太多資金比重「全放在投保高額癌症險上」，只因為「癌症的治療越來越貴」。

　　道理很簡單，保戶為了將高額的癌症治療費用風險，移轉給保險公司，保險公司也會收取一定的「對價」，且保戶的保額買的越多，就要花更多的保費。更何況，各種新式療法不斷推陳出新，且費用也越來越貴。一般人很難有「真正買足」的一天。且前面也曾經提到：罹癌率雖高，卻也不是每一個人的「必經之路」；新藥再怎麼「號稱治癒率高」，卻也不是百分之百保證有效。

　　（4）要買哪一種保單，則要視自己「會選擇哪一種治療方式」而定。就以黃老師所提到的建議重點來看，罹癌者就算沒錢，也不表示「完全沒有治癒的希望」。

　　更何況，目前健保仍有針對傳統的放、化療及手術而進行給付。就算民眾不幸罹癌，也還是可以用相對低廉許多的費用，來對抗癌症病魔；且這些傳統癌症治療方法，並不是每一種都對每一個人「無效」或「副作用甚大」。

坊間常見的商業「癌症險」差異

現階段的商業癌症險有兩種，一種是傳統的「分次給付」型，另一種則是新型的「一次給付」型。前者是當被保險人不幸罹癌（確診）後，保險公司先給付一筆癌症保險金，之後再按手術、住院、放、化療情形，由保戶拿著醫院收據，向保險公司申請保險理賠。後者則是在被保險人確定罹癌後，就像重大疾病險一樣，由保險公司一次、整筆給付保險金（契約就此失效）。保戶可以拿著這整筆保險金，隨意去支付治療癌症的各種費用或營養品、無法工作的收入損失等。

甚至，保戶想直接拿這些錢，去進行一趟環遊世界也行。因為，以上這些決定並沒有絕對的是非對錯，主要視每一個人對自己身體與生命的看法及意義為何？

但總的來說，傳統分次給付型的缺點在於：分次給付的金額不高，且因為癌症放、化療方式日新月異。所以，保戶很可能因為採用的是新藥，而完全無法補貼高額治療費用；甚至，還有可能因為治療方式或藥物「不符保單條款定義」，而被保險公司給「拒絕給付」。

至於一次給付型的癌症險，也不是「只有優點，毫無缺點」。因為，假設保戶投保金額不高，其所能提供的保障，恐怕也「相當有限」。特別是當民眾願意採取傳統、健保都有給付的癌症治療方式，且治療的時間都很長時，那種「治療得越久、領的越多」的傳統分次給付型保單，反而可能更能突顯其優勢。

所以，建議對於罹癌風險特別恐慌的讀者們，個人建議在投保前，

要根據自己的財力，以及想要選擇的治療方式及用途，在傳統「分次給付」型與新式「一次給付」型中進行選擇。

（5）既然沒有人能夠保證，哪一種癌症治療對自己「絕對有效」，民眾就不該迷信「越貴、越新的藥越有效」，或是輕易聽信才剛問世，可能還在人體試驗階段的「昂貴的新式療法或用藥」，更應該在徵求「第二意見（second opinion）」後，做出最後的決定。特別是在台灣，當醫師知道病人有保險後，幾乎都會慫恿保戶使用最新式的手術，因為，「保險公司會買單」。然而，病人要的不是「保險公司有買單」，而是這手術到底有沒有什麼副作用？且就算有副作用，是不是自己能夠承擔的？

個人可以體會罹癌者就像落水者一樣，具有「有浮木就抓」的心情。但是，就像黃老師所說的，至今並沒有哪一種癌症治療方式，可以「保證治癒所有癌症患者」。例如和信治癌中心醫院院長黃達夫，就舉了個癌醫界熟悉的例子：「約 20 年前，放射治療科醫師根據質子照射較傳統放射線精準的學理，開始用質子放射技術治療攝護腺癌，宣稱質子治療可以減少尿道，與腸道受傷的副作用。後來，有些醫師質疑質子治療實際上，並沒有想像的優越，且價格還貴很多，才開始做對照組的臨床試驗。果然發現質子放射治療不但沒有比傳統放射治療好，副作用還更大。同樣的，在肺癌的治療上，2018 年初，對照組臨床試驗揭曉，也證實質子治療並沒有比較好」。

又例如黃達夫也引述美國 FDA 的聲明表示，至今，FDA 尚未授權販售機器手臂儀器使用於預防或治療癌症，包括乳癌。因為，FDA 還

沒有機會評估使用機器手臂治療癌症的成效。因此我非常堅信，人類在面對「生命」這個議題時，絕對沒有「人定勝天」、「錢多好辦事」這回事。只有謙卑以對，並且在事前做好預習準備，才不致於在面對病魔襲擊時「亂了手腳與方寸」、「病急亂投醫」，反倒可能讓疾病更加難治！

最後，還想在此更進一步提醒所有民眾：不是越貴、越花錢、有保單可以理賠的治療，就應該依醫師的建議「照單全收」，應該要再多聽幾位醫療專家的意見，並與自己預先擬定好的治療策略，才有助於找出一條最適合自己期望的「治癌大計」！

確保生活品質，
「耳聰目明」有其必要

古人曾用「耳目聰明」，來形容一個人「頭腦清楚，眼光敏銳」。然而，從人體健康的角度來看，如果一個人的視力與聽力都受到影響，恐怕不只會「傷財」，又可能是「傷身」吶。

眼睛老化之一：老花眼

首先在「視力」方面，根據《老後行為說明書》一書作者，日本眼科專科醫師平松類的說法，**人在中年之後的視覺衰退，有兩個方面，其一是「老花眼」**。約從 40 歲開始，眼睛就會開始有老花現象。50 歲之後，會覺得書上的字難以閱讀。超過 60 歲的話，不使用老花眼鏡很多東西都看不清楚。

另一個主要的視覺衰退是「白內障」。有一半的人會在 50 歲左右開始發病，超過 80 歲的老年人，患有白內障者則將近 99%。由於白內障患者在太暗或太亮的環境中，視力會變得模糊，因此也常容易發生意外。例如半夜室內昏暗之下起床上廁所，就可能會在上下樓梯時踩空摔倒；又或是晚上開車時，可能會因為被對向來車的車燈照到、發生「目眩」而導致車禍。

　　也許對許多大齡熟女來說，老花眼頂多是看近的物體不方便而已，但是白內障與好發在 50 歲以上族群的「老年黃斑部病變」的影響，恐怕就非常深遠。根據專科醫師的說法，「老年黃斑部病變」的特徵為：視力模糊、所見物體扭曲、中間視力出現黑點，甚至可能忽然失明。而罹病人口中，有高達九成屬「乾性」，只有一成是「溼性」。

　　儘管「乾性」與「溼性」都是因為「老化」所引起，但「溼性」的發病突然且較嚴重，可能會在一夕之間，就造成當事人的視力大受影響；至於「乾性」的發病雖然漫長，過程可能會延續十多年之久，但視力會出現「漸進式」的退化，一樣會影響當事人的視力，最終造成視力喪失。

　　根據台大醫院眼科部的資料指出，假設平均第一眼喪失視力的年齡是 65 歲，以後每年約有 12% 的人，另一眼會受到侵犯。到了 70 歲時，大約有 60% 的患者會達到「法定失明」的狀態。然而，由於目前並沒有非常有效的治療方法，因此，提早採取各項預防老年性黃斑部病變的措施，就顯得格外重要。

　　根據專科醫師的說法，老年性黃斑部病變的三大危險因子，分別

是「年齡」、「抽菸」及「高血壓」；除此之外，家族遺傳病史、長期暴露於強光下、飲食不均衡，也有可能引發黃斑部病變。所以在臨床上，醫師通常只能建議「乾性」的病人不要抽煙、控制血壓、強光下戴太陽眼鏡、飲食均衡、多吃綠色蔬果等。

眼睛老化之二：白內障

至於另一個也會造成失明後果的「白內障」，目前醫界最有效的治療，就只有進行白內障手術，將呈現混濁的水晶體，以人工水晶體進行置換。而根據健保署的統計，2017年全國白內障手術近22萬件，而半數醫療院所使用健保人工晶體佔率達75%。雖然使用健保給付的人工水晶體比率不低，但仍有民眾不採用健保給付的人工水晶體，而是以「自負差額」的方式進行選擇。

目前，多焦點人工水晶體一顆的自負差額，各醫院有高有低，差不多在2～6萬元左右（當然還有更貴的），一般兩眼都必須更換，自負差額的花費就要5～12萬左右之譜。

事實上，視力不佳不只是單純花錢，就能消災而已，還會對身體其他功能造成影響。例如在2017年8月時，有一份針對「視力與認知功能降低」、刊登在《美國醫學學會期刊（JAMA）》眼科版的研究。

該項實驗接受測試的對象包括美國3,000名的高齡人士以及美國醫療保險（針對老年人和部分殘疾人士的醫療保險）的受保者30,000人，共33,000人。而負責執筆論文的美國史丹佛大學的醫學

博士——Susan Pershing 表示，視力降低意味著與外界接觸的管道遭到剝奪，一旦和外界的聯繫如果減少，腦部接收的刺激將跟著縮減，認知功能因此大幅衰弱。

至於另一份美國密西根大學，針對 625 位高齡人士的實驗中更顯示，眼睛不好卻不看眼科的群體，比起矯正視力的群體，認知功能下降的機率達到 5 倍、失智症發病機率更高達 9.5 倍。

所以，大齡熟女們千萬別輕乎了眼睛視力的問題。因為其影響不單單是「看不見」而已，還有可能引發令人恐懼的認知功能下降或失智的問題。

幸福調味料

戴太陽眼鏡或寬邊帽，有效保護眼睛

有研究指出，白內障是全球的失明主因，且有 20% 的白內障，以及導致視力模糊的黃斑部退化，也可能是因為過度暴露於紫外線輻射所致。所以，眼科醫師建議，不論是夏天或冬天，都應該戴上太陽眼鏡或寬邊帽可以保護眼睛。

例如美國驗光協會（AOA）主席 Samuel Pierce 醫師就提醒，確保太陽眼鏡能阻擋 99 ～ 100% 的 UVA 和 UVB，能夠過濾 75 ～ 90% 陽光的太陽眼鏡最好。

聽力過早衰退，失智風險大增

其次在「聽力」方面，一般來說，聽覺從 45 歲開始就會逐漸退化。《老後行為說明書》作者平松類醫師就表示，通常在 55 歲之後會開始聽不清楚，65 歲之後聽力急速惡化。到了 80 歲，會有約七、八成的人重聽。

聽力衰退後最明顯的症狀，就是「高音」聽不清楚，例如常聽不見電子體溫計的「嗶嗶」聲。再來是慢慢地無法分辨複數的聲音來源，例如觀賞有許多來賓的談話性電視節目時，很快就失去耐性不想看。假設跟許多人一起聊天時，也會聽不清談話內容；甚至走在路上，也會因為聽不見後方來車的聲音而被撞倒。

事實上，聽力衰退的影響不只會影響日常生活或交通安全，由於聽力與視力一樣是接收外界訊息的重要感官，因此，聽力下降和認知功能的下降，也同樣具有密切的關聯。例如美國約翰霍普金斯大學老化與健康研究中心的 Frank R. Lin 教授，就曾針對 1984 名高齡人士展開實驗與調查。

該項實驗的結果是：「比起擁有正常聽力的群體，聽力早已惡化的群體在 6 年內，其認知功能下降的機率多了 24%，且降低速度是正常人的 1.4 倍」。

世界知名醫學雜誌權威 Lancet，也發表了重聽和失智症的關聯——中年開始的聽力喪失，至少增加了 9% 的失智風險。推測是由於腦部專司聽力的部分，也同時掌管著記憶與學習。聽力惡化除了會

使認知功能惡化，更可能導致腦部的萎縮，影響聽覺以外的其他機能，造成無法挽回的傷害。

一般來說，女性在 55 歲後，聽力會退化且不可逆。但是，振興醫院聽覺醫學中心主任力博宏就曾經指出，國內的聽損人口，超過 12 萬人，但是患者卻平均要拖 7 年，才肯求助助聽器。然而，聽損會造成溝通困難、導致人際疏離，到了第 8 年開始，智力就會減退，且發生失智的比例，比聽覺正常者高出四成。這是因為：「大腦相關區域接受到較少的刺激，那它的退化風險就會比別人高」。

根據專科醫師的說法，聽力老化可以分為「內在」與「外在」因素。內在因素是指人體細胞本身，就會隨著年紀而出現功能降低減弱的現象，而衰弱的速度通常與「遺傳基因」高度相關。也就是說，隨著體質差異，有些人退化速度快，而有些人退化速度慢。有些人也許活到 80、90 歲，依舊是「耳聰目明」，但有些人則是過了 50 歲後，聽力便出現嚴重障礙。至於外在因素，則包括了環境噪音、心臟血管疾病、糖尿病的併發症、曾經服用耳毒性藥物、內耳病毒感染、反覆性的慢性中耳炎、甚至聽神經瘤等，都可能會是影響聽力的原因。

由於每一個人的遺傳基因，生下來就無法改變，所以，想要預防聽力退化，只能儘量從「外在因素」的避免開始做起，例如：儘量避免環境噪音、太吵雜的演唱會、KTV 等環境都盡量少去、儘量減少使用耳機，就算真的要使用，也要注意耳機的音量不要過大。

此外，如果有慢性中耳炎或高血壓、糖尿病、高血脂、心血管疾病等病症，一定要及早就醫治療、按時服藥、良好控制，並且建立起

良好生活習慣，飲食清淡、睡眠充足、改掉酗酒、暴飲暴食的壞習慣，再配合規律的運動。一旦發現可能有老年性聽力退化時，一定要請耳鼻喉科醫師做詳細的聽力及理學檢查，以排除其他造成聽損的原因；如果確定是老年性聽損，為了避免持續聽力惡化，進一步造成神經認知系統出問題，可以及早配戴助聽器來協助溝通。

目前，各種助聽器與人工電子耳的價差極大，按照不同款式及功能等，從一萬元到十數萬元的都有。而政府針對符合身心障礙標準的民眾，有提供相關的輔具補助。依「一般戶」、「中低收入戶」、「低收入戶」與「款式」的不同，補助金額從 2,000 ～ 15,000 元不等。

如果是擔心聽力喪失，而必須配戴助聽器時，可以提供相關保障的保單，主要是以「依照失能等級表」進行理賠的「失能（扶助）險」。但值得注意的是：失能（扶助）險的理賠，不是單獨提供助聽器購買的費用補貼，而是依據「聽力受損狀況」進行定額理賠。

舉例來說，如果是「兩耳鼓膜全部缺損或兩耳聽覺機能均喪失 90 分貝以上者」，是屬於「第 5 級殘（給付保險金比率為 60％）」；至於「兩耳聽覺機能均喪失 70 分貝以上者」，則是屬於「第 7 級殘（給付保險金比率為 40％）」。並且很重要的是，必須同時兩耳符合標準，才能獲得定額的保險金理賠。

飲食男女，
「保護牙齒」最重要

　　根據專科醫師的說法，口腔保養的重要性在於：如果牙口不好，將會影響身體營養的吸收。而當人吃不下東西時，不但會沒有體力，也容易造成心裡憂鬱。

　　另外，根據日本牙科醫師的說法，咀嚼力的強弱，也是造成老年失智的重要因素。更重要的是，當老人的牙口不好時，可能會提早用其他方式進食（例如管灌進食），提高照顧的困難度。

　　就以日本為例，厚生省很早之前，就提出了「8020 運動」，提倡保護好牙齒，使民眾到了 80 歲，仍然保有 20 顆完好的牙齒（成年人正常有 28 ～ 32 顆牙齒）。因為人們只要能夠擁有 20 顆完好的牙齒，就可以咀嚼所有食物。牙齒的好壞，直接影響到吞嚥、消化、發音等功能，甚至人的體態。總的來說，一旦牙齒不好，將會影響

老年人整個晚年的生活品質。

事實上，牙齒的有無以及健康程度，不只影響老人晚年的生活品質，還會引發各項重大疾病。例如《0～100歲都需要的咀嚼力》一書就引用日本的統計資料顯示，曾罹患牙周病或有牙周病的人，致癌風險上升14％；重度牙周病患者的心臟病風險高4.5倍；牙齒數目越多，越長壽；沒有牙齒容易罹患失智症（幾乎無牙也不使用假牙的人，失智症風險大約是剩20顆牙齒以上的人的2倍）；裝上假牙，跌倒風險會降低（幾乎完全無牙、未使用假牙者的跌倒風險，是20顆以上者的2.5倍，相較於此，無牙但使用假牙者是1.36倍）；改善咀嚼功能，醫療費用可減至五分之一。

缺牙花費大，社會福利補貼有限

然而，先不要說牙口不好及牙周病菌對身體健康的嚴重危害，單單是「缺牙」之後的花費，恐怕也不是一筆小錢。因為根據衛福部「民國100年台灣地區中老年身心社會生活狀況長期追蹤（第七次）調查成果報告」顯示，58歲以上各年齡層的受訪者中，至少有72.3％的人有裝假牙。

目前關於活動、固定假牙以及植牙的定價非常混亂。例如單顆活動假牙約6,000～7,000元、大床（4、5顆以上）活動假牙約4～5萬元；普通固定假牙從7,000～8,000元開始起跳，甚至20,000～25,000元的也有；至於植牙，最便宜的約要5～6萬元，

貴的也有高達 11 ～ 12 萬元的，主要是根據不同廠牌、手術難易度，以及手術中（補骨）所需材料等而定。假設要全口都植牙，花費好幾百萬都很有可能。

而以上這些花費，除了不同縣市政府，有特別針對 65 歲以上中低收入及低收入戶的老人，提供一定的假牙補助（金額視不同假牙款式而有區別，且各縣市補助金額不同），以及一張「有給付前提限制」的牙齒險可以提供少許保障外，其他醫療險頂多只有在「因為意外而導致缺牙」時，提供一定金額的保障。但以投保 1 萬元為例，保戶不論是裝設活動或固定假牙，每次約可以領到 3,000 ～ 15,000 元的保險金；至於植牙，每顆可以領到 8,000 ～ 40,000 元的保險金。從以上數字來看，植牙保險金遠低於市場行情價，至於假牙部分，則還要視各醫院、診所的定價而定。等於一般民眾一旦缺牙，就只能自行籌措以上裝設假牙的費用了。

幸福調味料

如何提升咀嚼力？

其實人體的吞嚥功能不佳，胃口不好，導致營養狀況惡化，體力下降，未來就容易失能臥床。不過口腔衰弱可逆轉，提前預防，可以回復。預防口腔衰弱，必須訓練臉部肌肉。因此，我建議從 50 歲起就要開始進行以下的臉部肌肉訓練。

（1）吃飯時，細嚼慢嚥。不只是為了消化，更為是訓練臉部肌肉。此外，正確咀嚼是指：口腔內的食物「至少要咀嚼 20-30 下」才能吞下。如果沒有做到，便會導致消化系統受損、營養流失，以及腸道堆積毒素，身體與口腔只會越來越不健康。

（2）口腔體操也有效。建議在看書、看新聞時試著讀出聲音來，或是唱唱 KTV 也能訓練口腔肌肉。

備妥個人就醫資訊，
生老病死自己決定

　　這裡我也先聲明好，這篇也不是刻意要「觸」讀者的霉頭。但個人堅信，如果以下這四大緊急醫療問題先想好，並且擬妥因應方針，絕對有助於從現在開始，到退休之後的就醫品質。

　　之前在看《創齡》這本書時，也有特別提到要做好「緊急醫療」的準備。我在此就以該書為基礎，再綜合一些專家的説法與個人遇到過的經驗，提供以下的參考建議：

　　（1）準備好就醫資訊，並且集中管理重要的證件或契約文件。特別是一個人住的話，《一個人也快樂，熟齡的單身生活》作者阿部絢子也建議，為了預防萬一，先將就醫資訊（例如什麼病症，要去哪裡就醫）收集齊全，也是有益而無害的。此外，為了避免獨居的高齡者「孤獨死」，但讓辦理後事的人感到困擾，必須趁早把重

要證件或契約書、遺囑等文件，都要放在同一個檔案夾裡，並把內容和存放地點告訴近親，且隨身的包包裡，也放有一本影印本。

（2）**想好緊急醫療要往哪裡送，完整病歷最好集中在離家近的大醫院，專就一個地方看診。**也許這樣的建議，不見容於衛福部的官員們。但是，將所有病歷集中在某一個醫院，特別對於單身的大齡熟女來說，將更為重要。因為醫師只需要翻閱這本病歷，就可以了解妳過往重要病症，完全不需要一項項地檢查或猜測病因。

當然，平日有小感冒等，在住家附近的診所看診就好，完全沒有必要上大醫院。因為除了「掛號費較貴」、「等待病患人數眾多」不說，更有可能得到交叉感染的機會。

但是，如果是突發性的重大的疾病，像是心臟病、腦中風等，恐怕還是只能送大醫院。因為根據台灣腦中風學會的資料顯示，國內第一次中風患者的女性平均年齡差不多是 68.5 歲。而在中風之後，「黃金搶救時間」的長短，就關係到當事人的生死與中風後遺症的輕重。

儘管曾有一篇在社群網路瘋傳的文章指出，澳洲的「逆天突破新技術」可以將血栓從腦血管中取出，是「中風後 24 小時內都能救、沒有後遺症」，但國內就有國泰綜合醫院的神經外科主治醫師蘇亦昌強調，有四分之三的中風病人是阻塞型，治療最重要的原則是盡速給血栓溶解劑，但如果超過 3 ～ 4 個半小時才給，或是阻塞發生於較大的腦血管，血栓溶解劑的效果就會大打折扣。

一旦腦血流受阻，一分鐘之內會有 190 萬個腦細胞因缺血造成

永久性傷害，只要大動脈一阻塞，在短短 5 ～ 10 分鐘內，腦細胞就會死掉三分之一。正因為如此，中國附醫神經部檢查室主任劉崇祥，就曾用「土石流」，來比喻腦血管一阻塞，其他血管也會很快遭殃，必須緊急搶救。

他強調治療急性腦中風形同跟時間賽跑，到院後的檢傷、神經學加上電腦斷層等影像檢查，最快也要一個小時，排除出血性中風之後還要評估能不能施打血栓溶解（年紀太大、血壓過高、正服用口服抗凝血劑或之前有出血史等，都不能打），如果發生症狀 2 小時候才抵醫院，將嚴重壓縮血栓溶解的治療時間。「應該改為黃金 90 分鐘」，成大醫院神經部主治醫師陳志弘呼籲，發生症狀 30 分鐘內甚至更短的時間，就要到院急救。

所以為了隨時有可能倒下的風險，最好能確保自家附近的大醫院都能留有病歷，萬一不幸倒下的時候，可以要求送往那些醫院，才不會因為在各個醫院轉來轉去，而耽誤了關鍵的三個鐘頭。所以，平日如果有做好事前規劃並告知身邊的人，也才能在黃金救援時間內得到救治（讀者從此也可以看出，選擇退休後的住所，到底有多麼重要了吧）。

（3）**提早找好比自己年輕的醫師**。雖然醫師並沒有固定的退休年齡，只要當事人願意，基本上 80、90 歲仍在執業的醫師也不在少數。但如果是需要體力來動手術的外科或牙科、婦產科等醫師，恐怕就很難見到 80、90 歲仍在開刀的醫師。

醫病關係的建立是長期的，且與醫師關係越久，妳身上的大小

疾病，可能對方連看病歷都不用，就能對於疾病做出快速的判斷並給予治療。只不過，一旦妳所選的醫師年紀比較大，很可能在妳需要他的時候，就已經找不到人了。所以，建議可以在自己快要退休之前，及早找好一個可以長久往來，且比自己年輕的醫師。

（4）及早簽好安寧照顧及緩和醫療意願書，並且註記在健保卡上。相信絕大多數的讀者在看過不少媒體報導之後，都知道急救時的氣切、插管與 CPR（心肺復甦術）等，真的可以把當事人整得死去活來的。因此，也都有這樣的認知，願意放棄一些不必要的急救，也可避免寶貴的醫療資源浪費。

然而，當事到臨頭之際，由於自己又無法說話，又沒有指定醫療代理人，以上意願光是口裡說說、毫無憑據，就難以讓醫護人員最出最符合當事人意願的決定。所以，最好的因應之道就是在事前，先將相關資料填好，並註記在健保卡上。就算屆時身邊沒有親人在場，也能讓醫護人員有所遵循。現在，各大醫院或是「安寧照顧基金會」等處，都有現成的表格可以填寫及註記。[1]

1·所謂的「安寧療護」是指，由一組醫療專業人員，用完整的症狀緩解醫療以及愛心陪伴末期病人走完人生最後一程，提供身、心、靈的全人照顧，並且協助病人及家屬面對死亡的各種調適，讓生死兩無憾！
依照現行法律，只要是成年人，或是未滿 20 歲的末期病人，都可以簽署「預立安寧緩和醫療暨維生醫療抉擇意願書」、「不施行心肺復甦術同意書」、「不施行維生醫療同意書」、「醫療委任代理人委任書」、「撤回預立安寧緩和醫療暨維生醫療抉擇意願聲明書」共五種表單。相關簽署人資格及參考格式，請上「安寧照顧基金會」的網頁了解。

什麼是《病人自主權利法》？

所謂的《病人自主權利法》，是台灣第一部以病人為主體的醫療法規，也是全亞洲第一部完整保障病人自主權利的專法，適用對象不再僅限於末期病人，而是擴大為五款臨床條件；從立法宗旨來看，除了保障病人醫療自主、善終權益，也旨在促進醫病關係和諧，可以說是超越個人性的保障，進而擴及家庭、社會性的權益。

而根據《病人自主權利法》的內容，只要是「末期病人」、「不可逆轉之昏迷」、「永久植物人」、「極重度失智」，以及「其他經政府公告之痛苦難忍的重症」，都是可以預立醫療決定的五大臨床狀況。意願人可在「維持生命治療（CPR、機械式維生系統、血液製品等可能延長病人生病的醫療措施）」及「人工營養及流體餵養（指透過導管或其他侵入性施餵養的食物及水分）」兩項醫療照護方式中，進行「全接受」、「全拒絕」、「在一段時間內接受，但之後請停止」及「當意識昏迷或無法清楚表達意願時，由醫療委任代理人決定」的選擇。

與更年期和平共處，
人生下半場更精采

儘管不論男、女，都會面臨所謂的「更年期」。但與男性相比，由於更年期前、後體內荷爾蒙濃度的改變，使得女性的更年期影響，較男性來得更為明顯。

根據一些統計數字及醫學研究報告顯示，女性在更年期（女性更年期來臨的時間點約莫在 45 ～ 52 歲期間）停經之後，因為體內雌激素濃度的改變，會造成身體健康上不小的負擔與影響。總的來說，女性在更年期後，比男性更容易罹患失智症、心血管疾病（特別是心肌梗塞）、骨質疏鬆、退化性關節炎等。

根據衛福部國健署的統計資料顯示，女性心血管疾病、糖尿病、腦血管疾病在更年期後的死亡率，是以每 5 歲翻 1 倍的速度上升。國健署進一步分析，50 至 54 歲女性的心臟病死亡率，是每十萬人

口15.4人、糖尿病10.4人、腦血管10.6人、高血壓性疾病為3.9人。

之後的55～59歲，心臟病死亡率為每十萬人口28.4人，60～64歲的階段更達到每十萬人45.6人；其他糖尿病、腦血管、高血壓性疾病也幾乎都是倍數成長。由此可見三高、心臟病、腦血管疾病對更年期後婦女的威脅甚鉅。

事實上，由於缺少雌激素的作用，女性要比男性容易罹患失智症；且有臨床研究顯示，患有憂鬱症或睡眠障礙的人，罹患失智症的機率比一般人高，而女性罹患憂鬱症機率，又較男性高1倍。這是因為更年期後，女性荷爾蒙分泌逐漸減少，就會產生熱潮紅、盜汗、陰道乾澀、骨骼痠痛、失眠及心情低落等情形，更會進一步引發憂鬱症，並且提高罹患失智症的機率。

除了常見的健忘、疲倦、皺紋增加、情緒起伏大等常見情況外，女性也要特別注意骨質疏鬆，骨質在20至30歲達到高峰後就會開始逐漸減少，更年期後骨質流失的速度也會加快。

心情放鬆與正能量「加持」，效果顯著

國健署根據「2013-2016年國民營養健康狀況變遷調查」指出，超過50歲的民眾利用雙能量X光吸收儀測量骨質密度，發現有12%的女性患骨質疏鬆症，男性則為6.2%，尤其在65歲以後骨鬆人數更是大幅增加。

儘管更年期後，女性的健康風險倍增，但國健署署長王英偉卻不

忘提醒，面對更年期，婦女也無須太過緊張，更年期症狀、時間因人而異，多數屬於輕微且時間較短的，因此只要把握「避免不良生活習慣及定期量血壓」、「規律運動及控制體重」、「健康飲食及增加鈣質食物攝取」等三大原則，就可以從容地度過更年期。

至於具體的方法，個人較為贊同《人生下半場，我想要這樣的生活》作者廣瀨裕子的五大「調養方法」：飲食（盡可能使用當令食材、快速烹調、細嚼慢嚥、飲食不過量）、步行、睡眠（選擇可以安心的場所，並在晚上 11 點前入睡）、呼吸（隨時提醒自己深呼吸，並練習腹式呼吸法）和信賴（學會感受身體，絕不要和身體作對，也不要和疾病作對，當身體有不適之處，就要學習與身體和睦相處，不要再繼續傷害身體）。

提到飲食，中醫向來就強調「醫食同源」，也就是吃進人體內的動、植物等，不單單是食物，也同樣是救偏扶弱的藥物。記得《思考中醫》這本書的作者—唐略，就在書中再三提到：人是天地的驕子、自然的寵兒。天地對人是很照顧的，所以，天地會生出很多物來「養人」。人生病了，身體裡四氣五味的平衡狀態被打破、有所偏了，就可以用中藥的四氣五味來給人體「補偏就弊」。

所以，我個人是非常相信，人們面對各式各樣的不健康與疾病，身體是有一定的「自癒能力」的。也就是說，只要日常飲食崇尚天然與平衡、不偏食，就能充分補充人體所需的各種營養。且就算發生疾病，均衡而充足的營養，再加上充份睡眠的自我修復，以及心情放鬆與正向思考的「加持」，最終必能讓身體戰勝疾病、獲致健康。

當然，人體本身雖然有強大的「自癒能力」，但是，面臨頑強的疾病與身體機能的嚴重偏差與不適，還是要找合格的中、西醫師進行治療才行。特別以這裡提到的女性「更年期症候群」為例，中、西醫都有一套迴異的治療方式。其中，西醫只有採取「荷爾蒙補充療法」，也就是額外補充女性荷爾蒙，並建議女性多多運動（有醫師指出，運動可以延緩荷爾蒙的減少）。

　　至於中醫，則是透過日常生活與飲食（例如補「陰」類食材）、中藥（例如補「肝」、「腎」藥物）的調理，讓有更年期症候群婦女的身體，過度到另一種「新」的平衡，以改善各種不舒服的「更年期身心症狀」。以上，不論是心靈上的紓壓、平日的運動，或是作息、飲食與藥物的治療，都值得大齡熟女們參考！

我只是年紀大了點⋯⋯，
我拒當歐巴桑

　　在「保養身體，就從控制三高開始」這一章中，我曾提到依據《中年的意義：一個生物學家的觀點》作者 David Bainbridge 的說法，是將「40 ～ 60 歲」暫時定義為「中年」，而一個人的「老化」，就是在這段期間發生「明顯的變化」。單從外表來看，最明顯的就是皮膚開始出現大齡熟女最怕見到的身體變化——皺紋、乾燥、暗淡及下垂；體脂率的增加再加上會出現明顯的「肌少症（sarcopenia）」，也就是肌肉質量減少，且主要減少的部位是「四肢」，而脂肪則會堆積在「腹部」，就會形成典型的「小腹婆」——肚子大、四肢瘦長，成為女性維持標準身材的大敵，必欲除之而後快。

　　對於「小腹（婆）」的形成，著有《減重飲食是手段不是目標》一書的作者廖俊凱醫師表示，身體內的脂肪有分兩種，一種是皮下

脂肪，也就是在皮膚下看到的脂肪；另一種則是所謂的「內臟脂肪」，它圍繞著主要的器官而生長。

他進一步強調，男、女在體內脂肪堆積的順序上，會稍有不同。一般來說，男性是「先內臟脂肪、後皮下脂肪」，而女性則是「先皮下脂肪、後內臟脂肪」。特別以中年女性為例，人體的基礎代謝率下降，如果還是保持著年輕時候的飲食和生活習慣——率性地吃與偷懶不運動，就很容易變成「大、小腹婆」。

事實上，不要說不運動、身體代謝率低，就容易導致肥胖。假設每天生活都很懶散，既無所是事又不運動，非但腸子蠕動變慢、容易引起便祕、導致小腹外凸，在身體代謝速度減慢之下，身材哪有可能不走樣及變胖？

因此廖俊凱認為，提高身體代謝最佳的方法，就是「運動」了。他表示運動最明顯的好處就是，它是一個「耗掉身體能量」的活動。也就是說，運動可以明顯，且有效地提高身體的基礎代謝率。

但是，在各式各樣的運動中，廖俊凱更建議「慢跑」及「快走」，因為這兩項運動，最不挑時間與地點，也完全不需要什麼運動工具。當然，最容易入門的運動，他會建議「快走」，特別是體型肥胖的人，最好先從快走開始，而非慢跑，以免因為體重過重，造成膝蓋與足部的傷害。當然，在正式快走之前，也要記得做 3 ～ 5 分鐘的伸展運動，以免減重不成，還造成運動傷害。

一般來說，快走超過 30 分鐘，不但可以順利消耗身體的一部分熱量，也能燃燒體內的游離脂肪酸、降低三酸甘油脂。但他不忘提

醒，快走最好是每天都做，不然一週至少也要三次，否則，是看不到什麼效果的。

　　且醫學也已證實，走路可以促進提升幸福感的腦內荷爾蒙（神經傳導物質）—血清素的分泌量。而血清素分泌正常，則因為食欲可以得到滿足，而不會「大吃大喝」。

　　而在快走之餘，廖俊凱建議從事可以減少壞的膽固醇、增加好的膽固醇的「有氧運動」。這是因為有氧運動可以讓血液循環順暢、分解三酸甘油脂的酵素，讓其功能得到「活化」，變得比較容易分解極低密度膽固醇（壞的膽固醇，LDL），且可以透過運動所帶進體內的氧氣，將三酸甘油脂所分解的游離脂肪酸，更有效率地轉化成熱量。

　　但廖俊凱醫師也不忘強調，不論大齡熟女要採用哪一種運動，都必須對於「運動」這件事，持有正確的觀念。也就是說，首先，一定要「做對運動」。這裡的「對的運動」定義有二，其一是「優先選擇有氧運動」，其二是關於「運動強度」。

　　在此，他首先要提醒想藉由運動來「減重」的大齡熟女們的是，做對運動，才能有效燃燒脂肪。因為運動分為兩種，一種是「瞬間停止呼吸，但具有瞬間爆發力」的「無氧運動」，另一種則是「利用呼吸以讓血液充滿氧氣」的「有氧運動」。也就是說，只有「有氧運動」，才能具有燃燒脂肪的效果。但是，至少需要運動20分鐘、流汗後，身體才會開始燃燒脂肪（詳見表1）。

表 1、有氧及無氧運動項目

	代表意義	代表意義
有氧運動	利用呼吸以讓血液充滿氧氣	仰臥推舉、重量訓練、競泳、跑步、登山、打棒球、滑雪、衝浪
無氧運動	瞬間停止呼吸，但具有瞬間爆發力	水中運動（水中步行等）、騎腳踏車、做瑜珈、跳廣播體操

資料來源：日本日高雄二醫師

「退化性關節炎」的威脅，務必正視

廖俊凱認為，具有「燃燒脂肪」功能的「有氧運動」還不少，目前最受推薦的項目，像是跑步、游泳、騎自行車、爬山或快走，一個星期至少持續 5 天、一次進行至少 20 分鐘，就可以有很好的運動效果。至於「運動的強度」，廖俊凱建議所選運動的最佳標準是以「可以說話，但無法唱歌」的運動強度為準。

此外，中醫師陳重嘉也不忘提醒「運動頻率」的重要性。他表示對身體來說，每天運動比周末運動要好，對心臟負荷小。至於運動項目的選擇，他則建議要注意「陰陽平衡」，像有氧、重量運屬於陽性運動，太極、瑜伽是陰性運動，兩種運動交互搭配，陰陽調和，對身體最有幫助。

儘管慢跑已漸漸在國內，成為許多熟年男、女的運動首選。但如果妳要問我「最適合大齡熟女的最佳運動是什麼」？綜合我過去採訪過中、西醫師的說法，我的回答會比較傾向「比較不過於激烈，且較不易傷害關節」的運動。因為根據中、西醫師們的建議，想要減輕中

年開始的退化性關節炎問題[1]，最根本的解決之道是「減重（特別是減輕膝關節的負重）」，並且避免跑、跳或上、下坡（爬山或上下樓梯）等，讓膝蓋壓力更加沉重的動作（詳見表2）。

特別對於年齡超過50歲的人來說，最好應該多避免蹲、爬山（最好是坐車到山上，然後在附近走一段平路）、爬樓梯（特別是50歲之後，更不要常常上、下樓梯）……等，比較適合的運動則是游泳及騎腳踏車。

且醫師也不忘特別提醒有退化性關節炎問題的人：不是不能運動，而是要選擇適合的運動，以及在必須跑步、蹲、跳前，先做好熱身（包括肌肉與筋骨的熱身，先把肌肉的張力與彈性加強）；配合特殊的鞋子（例如打球、登山等，都有不同功能的鞋子），以及正確的運動方法。

1．退化性關節炎（osteoarthritis）可以說是一種最常見的關節疾病，侵犯大約90%的銀髮族。但是在關節退化的初期，病患並不會覺得疼痛，而隨著退化的逐漸惡化，病患才會感到深及關節的無力或酸痛，甚至到晚期階段，膝關節更會顯得僵硬而不能彎曲。

根據個人過去採訪過的資料顯示，截至目前為止，西醫的治療方向多半是給予止痛劑、消炎藥，或是開立葡萄糖胺製劑、在疼痛的膝關節局部注射玻尿酸。假設症狀過於嚴重，則必須進行人工關節置換手術。

表2、西醫關於治療退化性關節炎的方式

	優、缺點分析
服用葡萄糖胺	由於每個人每日所需劑量及吸收能力都不同，也不是每個人吃了都會感覺有效，一般來說，每10人中，大約只有3～4人感覺有效。
注射玻尿酸	大約只要幾個星期，就會被人體吸收，持久性不高；目前健保給付不多，而且只能夠抑制發炎，沒有太大的消炎止痛效果。
更換人工關節	目前人工關節是金屬與塑膠的產品，使用壽命約只有10～15年。比較進步的是這5～6年才推出的金屬對金屬與陶磁的產品，壽命應該可以更長。但目前健保只給付傳統金屬加塑膠的人工關節，純金屬及陶磁的人工關節除了健保給付的6～7萬元外，還要自費負擔7～8萬元。

「運動頻率」的重要性，不可小覷

　　其實，除了以上醫師建議的慢跑、騎腳踏車、快走、瑜珈、氣功、太極拳之外，另一個我認為值得推薦給大齡熟女們的好運動是「跳舞」。在「趁我還會記……，別讓大腦『罷工』」這一篇中，就曾特別推薦「跳舞」這個運動。事實上，跳舞不但讓身體「有所運動」，更能藉由肢體動作的協調訓練，以及與他人共舞的人際關係接觸，達到預防及延緩失智症的風險。

　　最後我還想要再三強調的是，所謂「人活著就要動」的最大意義就在於：人不是植物或慢速爬蟲類，可以長時間固定不動。所以，人不但要養成固定運動的習慣，提高人體的基礎代謝率，更應該有「時時運動」、「能坐就不躺」、「能站就不坐」的正確認識，而不是每天只有「運動時刻」才做運動，其他時間則是懶著不動。

　　老實說，這也不是什麼新理論。例如在 2007 年，美國運動醫學權威 Hamilton 教授所推出的「非運動性熱量消耗（non-exercise activity thermogenesis，簡稱為 NEAT）」作法，也就是透過非健身的「活動」，像是搭交通工具時，故意用站而非用坐、不搭電梯改爬樓梯、搭公車提早一站下車等日常生活中「可以多活動」機會，自然而然讓自己達到減重及運動的效果。漢米爾頓教授認為，NEAT 的好處是：不必花錢到健康房去運動，而是增加日常生活的活動量。不但達到運動、燃燒脂肪的效果，更有助於預防新陳代謝症候群（metabolic syndrome）及糖尿病。

像廖俊凱醫師就不忘提醒，運動應該是純粹為了享受其中的樂趣，而不是為了減肥才「勉強運動」。否則，運動這件事可能就會變成當事人的一種「折磨」；相反的，為了享受運動而運動，才可能有益身體及心靈。記得，人活著就該動，要讓運動本身，成為一件美好的事，而不是件苦差事。

愛生活 32

空巢的勇氣

人生下半場的 35 個必修學分

作　　者—李雪雯
視覺設計—張　巖
主　　編—林憶純
行銷企劃—林舜婷

第五編輯部總監—梁芳春
董事長—趙政岷
出 版 者—時報文化出版企業股份有限公司
　　　　　10803 台北市和平西路三段二四〇號七樓
　　　　　發行專線—（02）2306-6842
　　　　　讀者服務專線—0800-231-705、（02）2304-7103
　　　　　讀者服務傳真—（02）2304-6858
　　　　　郵撥—19344724 時報文化出版公司
　　　　　信箱—台北郵政七九～九九信箱
時報悅讀網— www.readingtimes.com.tw
電子郵箱— yoho@readingtimes.com.tw
法律顧問—理律法律事務所　陳長文律師、李念祖律師
印刷—勁達印刷有限公司
初版一刷— 2019 年 7 月 26 日
定價—新台幣 380 元

（缺頁或破損的書，請寄回更換）

空巢的勇氣：人生下半場的 35 個必修學分 / 李雪雯作 . -- 初版 . – 臺北市：
時報文化，2019.07　280 面；17*23 公分
ISBN 978-957-13-7834-3(平裝)
1. 生活指導 2. 女性
177.2　　　　　　　　　　　　　　　　　　　　108008591

ISBN 978-957-13-7834-3
Printed in Taiwan